U0330838

十二生肖中国年

十二生肖中国年

李零 著

生活·讀書·新知 三联书店

图书在版编目（CIP）数据

十二生肖中国年 / 李零著. -- 北京：生活·读书·
新知三联书店，2020.6
ISBN 978-7-108-06841-5

Ⅰ.①十… Ⅱ.①李… Ⅲ.①十二生肖- 通俗读物
Ⅳ.① K892.21-49

中国版本图书馆 CIP 数据核字 (2020) 第 062533 号

责任编辑　曾　诚

装帧设计　北京气和宇宙艺术设计有限公司

责任校对　安进平

责任印制　宋　家

出版发行　生活·讀書·新知 三联书店
　　　　　北京市东城区美术馆东街 22 号　100010

网　　址　www.sdxjpc.com

经　　销　新华书店

印　　刷　北京图文天地制版印刷有限公司

版　　次　2020 年 6 月北京第 1 版
　　　　　2020 年 6 月北京第 1 次印刷

开　　本　889 毫米 ×1194 毫米 ¹/₃₂　印张 6.75

字　　数　82 千字　图 170 幅

印　　数　00,001-10,000 册

定　　价　68.00 元

印装查询 010-64002715　邮购查询 010-84010542

目　录

自 序

今年，我已经七十一岁。马上就是下一年，我的本命年。

每年过生日，学生都请我吃饭。我说，过一回少一回，乐一回是一回。

去年过年，朋友聚会。饭桌上，大家凑了个对联，我出下联，请在座的对上联。结果由王军补齐。联曰：东南西北中，七星高照；吃喝拉撒睡，五福临门。

老年人最关心这五件事。这五件事办好，才能接着过。

我们戴的手表，大针刻度12，小针刻度60。12是12小时，60是60分、60秒。惜春阴，怕花开早。时间是滴滴答答，一点一点往前挪。年轻时，谁不是时间富翁？

我们的头上有个大钟，挂在天上的钟，指针是北斗。斗转星移，一年又一年。十二年如十二小时。一点是鼠，两点是牛，三点是虎，四点是兔，五点是龙，六点是蛇，七点是马，八点是羊，九点是猴，十点是鸡，十一点是狗，十二点是猪，是为中国年。

人生能有几个十二年？

"从心所欲"的意思是什么？我算想明白了。你的时间不多了，该吃吃，该喝喝，该干吗干吗吧，除了老天爷，没人拦着你。在这个世界上，再也没有什么舍不下了。舍不下也得舍。舍了就自由了。

七十头上，回死由亡，绝笔春秋，孔子是这么走的。

现在，七十不算老。我更喜欢孔子的另一段话，"其为人也，发愤忘食，乐以忘忧，不知老之将至云尔"（《论语·述而》）。

马君武有诗，"百年以后谁雄长，万事当前只乐观"（《京都》）。

好好活吧。

二〇一九年十月于北京蓝旗营寓所

什么是十二生肖（十二问）

十二生肖[图1]，家喻户晓，好像谁都懂，其实不然，这里面的名堂可大了去了。每年过年，我都会想想，今年的动物，它后面有什么故事。这个话题与中国动物有关，与中国方术有关，与我长期关注的古代文物有关。三十年前，我曾专门讨论，[1]这里再次谈论，我想设为问答，先把十二生肖的概念梳理一下，尽量简单地解释一下，让大家有个总体印象。

问答一

问：什么是十二生肖？

答：十二生肖是十二种动物，十二种动物代表十二支，生指生辰，肖指肖形，即标志生辰的动物形象。

十二生肖也叫十二属。属指属相，即自己属于这十二种动物形象的哪一种。

我们每个人生于哪年哪月哪日哪时，全都可以用干支表示，俗称生辰八字。如屈原《离骚》"帝高阳之苗裔兮，朕皇考曰伯庸。摄提贞于孟陬兮，惟庚寅吾以降"："摄提"是太岁在寅，表示生年；"孟陬"是正月，表示生月；"庚寅"是干支，表示生日。古代用

---

[1] 李零《中国方术正考》，北京：中华书局，2006年，172—183页。

图 1-1　北朝崔氏墓出土十二生肖俑：虎、蛇、猴、猪（从左至右）　山东博物馆藏

图 1-2　唐十二生肖俑　中国国家博物馆藏

图 1-3　西安市郊出土十二生肖俑　陕西历史博物馆藏

十二小时制，每天分十二个时辰，就连时辰也用干支表示。

现在讲十二生肖，主要跟生年有关，但出土日书，十二生肖跟生日关系更大。

表一：十二生肖

子	鼠	辰	龙	申	猴
丑	牛	巳	蛇	酉	鸡
寅	虎	午	马	戌	狗
卯	兔	未	羊	亥	猪

问答二

问：十二生肖是什么时候出现的？

答："生肖"一词，可能出现比较晚，目前所见，主要流行于宋以来。十二属的叫法可能早一些，至少南北朝就有，如《七录》有《十二属神图》一卷（见《隋书·经籍志》），南朝沈炯有《十二属》诗。[1]

其实，不管这个词什么时候出现，十二生肖的系统早就有，如放马滩秦简《日书》甲种《亡盗》篇、睡虎地秦简《日书》甲种《盗者》篇和孔家坡汉简《日书·盗日》篇都提到这一系统。[2] 放马滩秦简，年代属战国秦，睡虎地秦简属秦代秦。

十二生肖，至少可以追到战国晚期。

---

[1] 十二生肖类似子弹库帛书的十二月神，也是用动物形象代表每个月的月神。

[2] 甘肃省文物考古研究所编《天水放马滩秦简》，北京：中华书局，2009年，84—85页：简22—41；睡虎地秦墓竹简整理小组编《睡虎地秦墓竹简》，北京：文物出版社，1990年，219—222页：简69背—82背，83背壹—96背壹；湖北省文物考古研究所、随州市考古队编《随州孔家坡汉墓简牍》，北京：文物出版社，2006年，175页：简367—378。

问答三

问：什么是十二支？

答：十二支是中国历法的一套符号系统。中国历法以天干地支组成六十甲子，用六十甲子记年月日时。天干是一套符号，地支是一套符号，两者配合使用。干的意思是树干，支的意思是树枝。

天干，即甲、乙、丙、丁、戊、己、庚、辛、壬、癸。

地支，即子、丑、寅、卯、辰、巳、午、未、申、酉、戌、亥。

十干是附会天有十日，也叫日干。十二支也叫十二辰，辰是日月相会之所，与月的划分有关。我们的生年也是十二年一轮，与十二月相似，所以也叫生辰。

问答四

问：天干、地支的来源是什么？

十干属十进制，十进制源于掰手指，用手指记数。如商代甲骨文以十日为一旬，三十日为一月，即属十进制。十进制是单纯的数字累进，与空间划分无关。空间划分，十进制并不方便。

十二支属十二进制，十二进制是几何划分，类似切蛋糕，一刀下去是二分，两刀下去是四分。八分、十二分、十六分、二十四分、二十八分、三十六分都是类似划分，这些划分都是四的倍数。

一年四分是春、夏、秋、冬四时，一年十二分是春、夏、秋、冬各分孟、仲、季，共十二月。同样，一日也可四分和十二分。一日四分是朝、昼、昏、夕，等于一日之内的春、夏、秋、冬。一日十二分是夜半、鸡鸣、平旦、日出、食时、隅中、日中、日昳、晡时、日入、黄昏、人定，等于一日之内的十二月。四分是大时，十二分是小时。

中国古代的小时，不仅有十二时制，还有十六时制。十六时制是一日十六分，主要着眼点是分至启闭、昼夜长短。一年之内，日夕进退有十六分比，如日八夕八是昼夜平分，日九夕七是昼长夜短，日七夕九是昼短夜长。

二十四分，如二十四节气。现在的小时是二十四小时，等于一日之内的二十四节气。二十八分，是对应二十八宿，三十六分，是对应三十六禽，这些也是几何划分。

问答五

问：天干、地支如何相配？

答：干支相配，包含四分和五分的矛盾。四时十二月配东、南、西、北四方，是几何划分，比较整齐。四时十二月配金、木、水、火、土是五分，五这个数字，跟十进制有关，比较麻烦。战国秦汉的时令书，除四时时令，还有五行时令。四时时令是二十四节气，五行时令是三十节气。十干配四分系统，必须加一进五，才能配东、南、中、西、北，通常是把戊己放在中央，中宫如果被占，就得把土行放在季夏。北京城有五座著名的娘娘庙，号称五顶庙，本来应该东、南、西、北、中各一座，中被紫禁城占了，只好把中顶搁西南角，就是这样安排。汉以后，除术家用五行时令，通行时令是四时时令。

十干配十二支，全部轮一遍，其数为六十。六十甲子表，商代就有。六十进制，并非咱们中国独有，两河流域和玛雅也有。东西方和新旧大陆都有六十进制，乃是人心同理，有类似需求，就有类似考虑，不一定是传播的结果。过去流行传播论，学者以为两河流域比中国古老，中国的天文历法系统与之相似，必定是受两河流域影响，这种思考方法，本身就有问题。

我们的手表，时针刻度是十二分，分针、秒针是六十分。李约瑟认为，钟表是中国的发明。[1]

〔1〕李约瑟《中国科学技术史·天文卷》，北京：科学出版社，1975年，347页；李志超《水运仪象志》，合肥：中国科学技术大学出版社，1997年。

表二：六十甲子

甲子	甲戌	甲申	甲午	甲辰	甲寅
乙丑	乙亥	乙酉	乙未	乙巳	乙卯
丙寅	丙子	丙戌	丙申	丙午	丙辰
丁卯	丁丑	丁亥	丁酉	丁未	丁巳
戊辰	戊寅	戊子	戊戌	戊申	戊午
己巳	己卯	己丑	己亥	己酉	己未
庚午	庚辰	庚寅	庚子	庚戌	庚申
辛未	辛巳	辛卯	辛丑	辛亥	辛酉
壬申	壬午	壬辰	壬寅	壬子	壬戌
癸酉	癸未	癸巳	癸卯	癸丑	癸亥

问答六

问：十二生肖与二十八宿是什么关系？

答：十二生肖属历法系统，二十八宿属天文系统。

中国古代的天文系统，见《淮南子·天文》《史记·天官书》。司马迁把天官分为两大系统，一个系统以太一、北斗和二十八宿为主，一个系统以日月五星为主。前者以太一锋（太一加三一）或北斗居中宫，有如表针，二十八宿居东、南、西、北四宫，有如表盘刻度。后者以日为阳，以月为阴，代为升降；岁星（木星）、荧惑（火星）、镇星（土星）、太白（金星）、辰星（水星）居东、南、中、西、北。一个是四分系统，一个是五分系统。前者是配四时十二月，后者是配阴阳五行。

太一锋以太一为轴，三一为针。北斗以北极为轴，斗柄为针。这两个指针很重要。

二十八宿配动物，是以苍龙七宿居东宫，朱雀七宿居南宫，白虎七宿居西宫，玄武七宿居北宫，古人叫四神或四灵。四神或四灵是四种瑞兽，带有神秘色彩。

十二生肖是出现在各种历书。中国古代的历法系统，与战国秦汉的选择术有关。战国秦汉，流行用式盘和历书选择时日。历书分时令书和日书。时令书讲四时十二月的宜忌，每个月可以干什么，不可以干什么，日书讲每一天的宜忌，进一步细化。这种书跟日常生活关系大，更具世俗性。

十二生肖配二十八宿，是以苍龙七宿配虎、兔、龙，朱雀七宿配蛇、马、羊，白虎七宿配猴、鸡、狗，玄武七宿配猪、鼠、牛。如《西游记》第六回提到的虚日鼠、昴日鸡、星日马、房日兔就是以十二生肖配二十八宿。

表三：二十八宿

苍龙七宿	玄武七宿	白虎七宿	朱雀七宿
角	斗	奎	井（东井）
亢	牛（牵牛）	娄（娄女）	鬼（舆鬼）
氐	女（婺女、须女）	胃	柳
房	虚	昴	星（七星）
心	危	毕	张
尾	室（营室）	觜（觜嶲）	翼
箕	壁（东壁）	参	轸

问答七

问：十二生肖是干什么用的？

答：十二生肖与人的出生有关。古人认为，人活一辈子，什么都跟出生有关，十二生肖是用来推算人的命运。

西方测年命，有所谓黄道十二宫，即白羊座、金牛座、双子座、巨蟹座、狮子座、室女座、天秤座、天蝎座、射手座、摩羯座、宝瓶座、双鱼座。这套天官是来源于两河流域。如今的年轻人喜欢讲星座，与我们的十二生肖功能相似。

出土日书讲十二生肖，见于放马滩秦简《日书》甲种和睡虎地秦简《日书》甲种，主要跟抓"亡盗"（负案在逃的盗贼）有关。[1] 抓逃犯的日子跟逃犯的长相和私名有关。如子日生肖为鼠，是日亡盗，一副鼠相。私名，则与生日有关。古人取名，必有成书，供人选择。

简文所见私名，有些是据干日，如甲对庚，乙对辛，私名叫甲的人是庚日亡盗，私名叫乙的人是辛日亡盗；有些是据支日，如子对午，丑对未，私名叫午的人是子日亡盗，私名叫未的人是丑日亡盗。

古人取名，方法很多，有些是据动物的特点，如鼠是穴虫，会挖洞，私名叫孔的人是子日亡盗；牛走得慢，脾气好，私名叫徐或善的人是丑日亡盗；有些用谐声的方法，如鹿（代马）谐音禄。[2]

表四：中国的十二生肖与西方的黄道十二宫

鼠	牛	虎	兔	龙	蛇	马	羊	猴	鸡	狗	猪
宝瓶	摩羯	射手	天蝎	天秤	室女	狮子	巨蟹	双子	金牛	白羊	双鱼

问答八

问：十二生肖与八卦是什么关系？

答：《易传·说卦》以动物配卦，有"乾为马，坤为牛，震为龙，巽为鸡，坎为豕，离为雉，艮为狗，兑为羊"之说。具体到每一卦，又有一些更具体的说明，如乾为马，包括良马、老马、瘠马、驳马；坤为牛，包括子牛、母牛；震为龙，涉及相马，"其于马也，为善鸣，为馵（音zhù）足，为作足，为的颡（音sǎng）"；

〔1〕《天水放马滩秦简》，84—85页；《睡虎地秦墓竹简》，219—222页。
〔2〕《中国方术正考》，172—183页。

坎为豕，涉及相马，"其于马也，为美脊，为亟心，为下首，为薄蹄，为曳"；离为雉，同时又"为鳖，为蟹，为蠃，为蚌，为龟"；艮为狗，同时又"为鼠，为黔喙之属"。

表五：动物配卦

乾	坤	震	巽	坎	离	艮	兑
马	牛	龙	鸡	豕	雉	狗	羊

问答九

问：古书提到的动物生月是什么意思？

答：《大戴礼·易本命》有段话，据说与易数有关："天一，地二，人三；三三而九，九九八十一；一主日，日数十，故人十月而生。八九七十二，偶以承奇，奇主辰，辰主月，月主马，故马十二月而生。七九六十三，三主斗，斗主狗，故狗三月而生。六九五十四，四主时，时主豕，故豕四月而生。五九四十五，五主音，音主猿，故猿五月而生。四九三十六，六主律，律主禽鹿，故禽鹿六月而生也。三九二十七，七主星，星主虎，故虎七月而生。二九十八，八主风，风主虫，故虫八月化也。其余各以其类也。"《淮南子·墬形》《孔子家语·执辔》有类似说法。[1]

这段话提到的动物生月是指动物孕期。[2] 其怀胎月数与九九数相配，取其余数，正好与生月的次序相应。俗话说"一鸡二鸭，猫三狗四，猪五羊六，人七马八，九果十菜"，就是讲这类排序，不仅人有生月，植物也有。

上文的动物生月，未必准确。如人的孕期约为280天，合九个

[1]《淮南子·墬形》狗作犬，豕作彘，禽鹿作麋鹿。《孔子家语·执辔》禽鹿作鹿。
[2] 郭郛等《中国古代动物学史》，北京：科学出版社，1999年，197–198页。

多月，不到十个月。马的孕期约为335—342天，合十一个多月，不到十二个月。狗的孕期约为58—63天，合两个月左右，不到三个月。猿类的孕期约为210天，合七个月，大大超出五个月。鹿的孕期约为230天，将近八个月，大大超出六个月。虎的孕期约为93—114天，约合三个多月，远远不够七个月。只有豕，孕期约为110—120天，差不多正好是四个月，比较准确。

古人讲生月，一月、二月和九月、十一月缺载。我怀疑，一月可能是鼠，鼠的孕期约为22天，不足一个月；二月可能是猫，猫的孕期约为56—71天，合两个月或两个多月；九月可能是牛，牛的孕期约为280天，合九个多月；十一月可能是驴，驴的孕期与马相近。[1]

表六：动物生月

动物	孕期	九九数
〔鼠：□主鼠〕	〔一月而生〕	〔9×9＝81（余数1）〕
〔猫：□主猫〕	〔二月而生〕	〔9×8＝72（余数2）〕
狗：斗（斗柄三星）主狗	三月而生	9×7＝63（余数3）
豕：时（四时）主豕	四月而生	9×6＝54（余数4）
猿：音（五音）主猿	五月而生	9×5＝45（余数5）
鹿：律（六律）主鹿	六月而生	9×4＝36（余数6）
虎：星（七星）主虎	七月而生	9×3＝27（余数7）
虫：风（八风）主虫	八月而化	9×2＝18（余数8）
〔牛：□主牛〕	〔九月而生〕	〔9×1＝9（余数9）〕
人：日（十日）主人	十月而生	9×10＝90（余数0）
〔驴：□主驴〕	〔十一月而生〕	〔9×11＝99（余数9）〕
马：月（十二月）主马	十二月而生	9×12＝108（余数8）

[1] 郭郛以猫生二月，牛生十月，水牛生十一月，见《中国古代动物学史》，198页。

问答十

问：十二生肖与三十六禽是什么关系？

答：三十六禽是三十六种动物，见上海博物馆藏六朝铜式、隋萧吉《五行大义·论三十六禽》和唐李筌《太白阴经·推三十六禽法》。表面看，三十六禽是十二生肖的扩大，实际并非如此。[1]

下面是四份材料。

材料一：放马滩秦简《日书》乙种《五音占》《音律贞卜》讲问病，与钟律相配有很多动物，除与十二生肖有关的鼠、牛、虎、兔、龙、蛇、马、羊、豦（猿）、鸡、犬、豕，还有人、兕（音sì）牛、貌（猫）、雉、豹、赤彖，以及王虫、鼍（音tuó）龟、鼋（音yuán）龟、间（驴）等。[2]

材料二：睡虎地秦简《日书》甲种《盗者》的十二生肖与今不尽同，如子鼠所附取名之字有鼷，寅虎所附取名之字有犴（音àn）、貙（音chū）、豹；辰位所配之禽缺，所附取名之字有蠷；巳位配虫而非蛇；午位配鹿而非马；未位配马而非羊；申位配环（猿）而非猴，所附取名之字有貉（音hé）、豻；酉位配水而非鸡；戌位配老羊而非狗；亥位配豕而非猪，所附取名之字有豚。[3]

材料三：孔家坡汉简《日书·盗日》的十二生肖与睡虎地秦简《日书》甲种《盗者》略同，稍异者，卯位兔讹鬼，申位配玉石，戌位配老火。[4]玉石配金位，见《五行大义·论三十六禽》；老火，《五行大义·论三十六禽》引《禽经》："暮为死火者，戌为火墓也。"由此看来，睡虎地秦简《日书》甲种《盗者》的老羊可能

〔1〕《中国方术正考》，181—183页。

〔2〕《天水放马滩秦简》，97—99页。

〔3〕《睡虎地秦墓竹简》，219—222页。

〔4〕湖北省文物考古研究所、随州市考古队编《随州孔家坡汉墓简牍》，北京：文物出版社，2006年，175—176页。

是老火之误。[1]

　　材料四：葛洪《抱朴子·登涉》说，山中鬼怪，各有名号，与十二支相配，鼠与伏翼（蝙蝠）并列，虎与狼、老狸并列，兔与麋、鹿并列，龙与鱼、蟹并列，社中蛇与龟并列，马与老树并列，羊与獐并列，猴与猿并列，老鸡与雉并列，犬与狐并列，猪与金玉并列，显然是类似系统。

　　这些材料足以说明，十二生肖是从一个更大的名单选出，最初并不固定。

表七：三十六禽（用□围起的字是十二生肖）[2]

子	蝠、鼠、燕	辰	龙、蛟、鱼	申	狙、猿、猴
丑	牛、蟹、鳖	巳	蚓、鳝、蛇	酉	雉、鸡、乌
寅	豹、狸、虎	午	鹿、马、獐	戌	狗、豺、狼
卯	猬、兔、貉	未	羊、鹰、雁	亥	豕、豚、猪

问答十一

　　问：中国，动物很多，为什么单挑鼠、牛、虎、兔、龙、蛇、马、羊、猴、鸡、狗、猪作十二生肖？

　　答：历书是民间生活所需。民间候气知时，主要靠观察动植物

---

[1]《五行大义·论三十六禽》除以三十六禽配十二支，各分旦、昼、暮，还以三十六禽配五行，以五行分属旦、暮。如寅位，旦为生木；申位，旦为玉，暮为死石；酉位，暮为死石或死土；戌位，暮为死金或死火；亥位，旦为生木，暮为朽木等。

[2] 此表是据上海博物馆藏六朝铜式，蝠原作蝮，蟹原作蠏，蚓原作蝉。《五行大义·论三十六禽》与上海博物馆藏六朝铜式略同，但个别字和顺序略有不同，如子位作燕、鼠、伏翼，寅位作狸、豹、虎，巳位作鳝、蚯蚓、虵，申位作猫、猿、猴，戌位作狗、狼、豺，亥位作豕、玃、猪。《太白阴经·推三十六禽法》作"东方：狸、虎、豹、兔、貉、蛟、龙、鱼、虾；南方：〔鳝〕、蚓、蛇、狙、鹿、獐、雁、羊、鹜；西方：猿、犹、猴、乌、鸡、犬、豕、豺、狼；北方：熊、猪、黑、燕、鼠、蝠、蟹、牛、鳖"，差异较大。

的变化，即所谓物候，如草木陨落、飞鸟迁徙，而不是天象。十二生肖与普通人的日常生活关系更大。[1]

这批动物分三类，瑞兽、家畜和野生动物。

龙是瑞兽，属于想象中的动物。龙为鳞虫之长（配木行），凤为羽虫之长（配火行），麟为毛虫之长（配金行），龟为介虫之长（配水行），人为倮虫之长（配土行），是谓五灵。十二生肖只选龙。苍龙七宿代表春。《易·乾》以乾为龙，九二曰"见龙在田"。俗话说，"二月二，龙抬头"。汉高祖最重祭灵星，灵星的出现与农事有密切关系。灵星也叫龙星、天田星。十二生肖，只有龙是天象。

马、牛、羊、鸡、犬、豕是家畜，跟人关系最密切，全部入选。猫虽跟人住一块，但十二生肖没有猫（三十六禽有）。

蛇、鼠、虎、兔、猴是野生动物，最常见，最普通。

十二生肖以兽为主，鸟只有鸡，虫只有蛇，鱼一点没有。

问答十二

问：十二生肖起源于汉族和汉地，汉族和汉地以外有十二生肖吗？

答：有。林梅村考证，十二生肖传播范围甚广，不仅见于印度、楼兰、疏勒、于阗、龟兹、焉耆、粟特等西域古国，也见于越南、老挝、柬埔寨、缅甸、泰国、朝鲜、日本，以及突厥、回鹘、蒙古、藏、彝等族。[2]有趣的是，印度佛经把老虎换成了狮子，伊朗十二生肖，虎换豹，龙换鲸。

---

[1] 十二生肖为什么只选龙，不选其他瑞兽或四象之类，《五行大义·论三十六禽》曾有所讨论。萧吉认为十二生肖"皆以知时候气"是对的，但又曲为之说，以十二生肖为北斗七星所散（类似后世的紫微斗数）。

[2] 林梅村《西域文明——考古、民族、语言和宗教新论》，北京：东方出版社，1996年，111-129页。

鼠年说鼠

鼠在十二生肖中的位置

十二生肖，以鼠配子，放马滩秦简《日书》甲种、睡虎地秦简《日书》甲种、孔家坡汉简《日书》同。[1]

三十六禽，蝠、鼠、燕并列。蝙蝠像鼠又像燕，有翼，也叫伏翼，[2]今语称燕模虎、燕鳖虎、燕别户。放马滩秦简《日书》乙种讲钟律配兽，其中有鼠，[3]未见蝠、燕。

无名鼠辈

我是1948年生，属鼠。我有很多朋友，跟我一块长大一块玩，都是这个属相。

我记得，20世纪80年代，中国突然冒出很多小名人，让我好生奇怪。我一直以为，只要老同志还活得健健康康，小萝卜小土豆永远不可能出名。我跟我的朋友说，咱们年轻那阵儿（我是说70年代），除了报纸上频频出现的国家领导、劳模英模，根本没人出名，出名等于"不要命"，一句话说错，很可能打成"反革命"，咱们都是无名鼠辈。

---

〔1〕《天水放马滩秦简》，84页：简30；《睡虎地秦墓竹简》，219页：简69背；《随州孔家坡汉墓简牍》，175页：简367。

〔2〕《五行大义·论三十六禽》："伏翼者，鼠老为之，谓之仙鼠。"

〔3〕《天水放马滩秦简》，84页：简229。

畏首畏尾，身其余几

俗话说，胆小如鼠。

鼠，胆小，怕猫，怕猫头鹰，怕黄鼠狼，天上怕，地上怕，什么都怕。老鼠出洞，总是探头探脑，小心翼翼，顺着墙根溜，贴着东西走，以地形地物为掩护。投鼠忌器的道理，它比人懂。

儿歌本来唱的是，"两只老虎，两只老虎，跑得快，跑得快。一只没有脑袋，一只没有尾巴，真奇怪，真奇怪"，一个顾头不顾腚，一个顾腚不顾头。

古人说"首鼠两端"（《史记·魏其武安侯列传》），"畏首畏尾，身其余几"（《左传》文公十七年）。老鼠的特点是瞻前顾后。

古之所谓鼠

鼠是啮齿动物。啮齿目分鼠形亚目、松鼠亚目、豪猪亚目。鼠形亚目包括各种仓鼠、田鼠、家鼠，松鼠亚目包括各种松鼠和河狸，豪猪亚目包括各种豪猪。它们数量庞大，占哺乳动物的一半。《尔雅·释兽》把兽分为地上、地下两大类，地上的叫寓属，地下的叫鼠属，正好一半一半。

老鼠，谁都知道，不用介绍。

松鼠有大尾巴。我养过松鼠，一惊一乍，养不成。它那个大尾巴，稍有风吹草动，毛就奓（音zhà）起来。

豪字的本义是豪猪，浑身是刺，让捕食者无法下嘴。豪猪不是猪，而是老鼠的亲戚。广东人特别喜欢豪字，饭店、人名常用豪字。豪字的意思是富豪，包括土豪，现在叫"成功人士"。

《尔雅·释兽》提到13个与鼠有关的字，《说文解字·鼠部》提到19个与鼠有关的字。

古之所谓鼠，不光包括老鼠、松鼠，也包括其他科长相相似的动物。如鼬（音yòu）是黄鼠狼，属于鼬科；鼫（音shí，又名五技鼠）是鼠兔，属于兔科；𪕊（音wén）、鼨（音zhōng）、鼮（音tíng）、鼷（音xí）是松鼠，属于松鼠科。

十二生肖鼠为大

鼠，个儿小，但鼠当子位。中国历法，夏历建寅，殷历建丑，周历建子。周历以夏历十一月为岁首，以子位为正月。子鼠子鼠，出洞觅食，专挑子时，它得躲着人。子时是一天的开始，也是六十甲子的开始，难怪十二生肖鼠为大。[1]

鼠这种动物，长着两对大门牙，见什么啃什么，成天磨牙。不磨牙，牙齿会疯长，长到不能吃东西，活活饿死。

它胃口太好，什么都吃，生命力极强，繁殖力极强。有人说，老鼠下崽，崽又下崽，一年下来，如果都能活，可达5000只（不知是否靠谱），俗话说，"一公一母，一年二百五"，那都是低估。况且这家伙，记忆力惊人，记吃又记打，上一回当，吃一次亏，马上一传十，十传百，绝没第二回。

鼠有多厉害，单举一件事，你就明白。它居然跟食物链的顶端——人住一块儿。人住地上，白天忙活晚上睡，它住地下，昼伏夜出不消停。这家伙，下毒下夹子，水淹、火攻、烟熏，什么高招都用了，赶不尽，杀不绝，连人都怵。尤其是女孩子，见了必尖声怪

---

[1] 老鼠可以标志旧的一年结束、新的一年开始，让我想起美国、加拿大表示迎春的土拨鼠节（Groundhog Day）。土拨鼠（ynomys）属松鼠科。这个节是以土拨鼠结束冬眠、探头出洞为标志，定在每年2月2日。

叫。有人说，假如爆发核大战，人死光了，首先钻出来的就是老鼠。

十二生肖，通常只有虎叫老虎、鼠叫老鼠，为什么这么叫，不知道。排座次，老鼠还在老虎前。老虎，号称"百兽之王"，厉害吧？比不了老鼠。俗话说，老鼠搬家，吃光啃尽，还紧着往家拿，一年四季都有吃有喝。老虎不行，吃了上顿没下顿，只能靠睡觉打发饥饿。

老鼠与人

老鼠跟人做伴，资格非常老。新石器革命，距今约一万年。人，自打学会种庄稼，家有余粮，就被老鼠盯上了。有粮食的地方就有老鼠，尤其是粮仓。老鼠入住其间，自然是鼠界的"成功人士"。

诗云"硕鼠硕鼠，无食我黍"（《诗·魏风·硕鼠》）。硕鼠是大老鼠，常指贪官污吏。鼠本来不大，但对人而言，大本身就是错误。人云"鼠窃狗偷"，猫狗最得主人欢心，根本不用偷。老鼠获此恶名，倒是名正言顺。

老鼠搬家，不打招呼，不经批准，当然是盗窃。民以食为天，好端端的粮食，人都不够吃，愣叫老鼠吃了，当然是浪费。故老鼠也叫"耗子"。其实，贪官污吏才用不着偷。语云"苛政猛于虎"，没听说"苛政猛于鼠"。老虎干事，那都是明目张胆，用不着躲着谁背着谁，一上来就直奔主题，啃屁股、咬脖子，直接下嘴。

老鼠偷吃，偷油偷米面，搞得人疲于应付，只好搞点妥协，与鼠和谐。于是乎有"老鼠娶亲"。老鼠娶亲，据说在正月，有说正月初一，有说正月初三，失于考证，不知哪种说法对。反正到了这天，人得随份子，多少孝敬一下，请它手下留情，别折腾得太厉害。

老鼠坏，还有一条，传染疾病。四害，麻雀可以平反，它不行。欧洲中世纪，黑死病杀了2500万欧洲人，三个人就得死一个。

不过，老鼠跟传染疾病有关，反倒推动了医学研究的发展（当然也启发了日本人，帮他们发明了细菌战）。小白鼠，好可怜，常被用于医学实验。马、牛、羊、鸡、犬、豕，献肉献蛋卖力气，各尽所能，得人夸奖，但小白鼠，受尽酷刑，把一切献给医学，好像活该。

老鼠与猫

中国古代，腊月（十二月）结束，有迎猫迎虎之祭。《礼记·郊特牲》："迎猫，为其食田鼠也；迎虎，为其食田豕也，迎而祭之也。"迎猫是为了抓老鼠。

人对付老鼠，在家养猫，据说十分古老。埃及王陵，猫是神（Bastet），死后随葬，做成木乃伊，享受国家领导待遇。我国的猫从哪儿来，什么时候来？一般认为，比较晚，早期抓老鼠的猫是狸猫，不是现在的家猫。

猫是老鼠的天敌，人类的宠物。敌我友，选边站队，猫跟人当然是一拨，与鼠不同。猫跟人是盟友关系，鼠是四害，一直在制裁名单，哪个动物保护组织都不保护。然而考古学家和动物学家说，历史上，老鼠都是不请自来，猫也是不请自来。老鼠爱你，是爱你的米，它是冲人的粮食而来，猫也是冲老鼠而来，并非取媚于人，谁让你有那么多粮食，养那么多老鼠呀。这就跟"自由世界"鼓吹全世界"投奔自由"是一个道理，那都是不请自来，挡都挡不住，你今天围这个，明天剿那个，让他们穷着乱着，甚至把他们那个"不自由"的老窝都给连锅端了，他或她更得来。难民潮，德法等国碍于西方的"政治正确性"，还在那儿撑着挺着，特朗普才不管这些，他说了，赶紧修长城吧。

鼠，作为正面形象出现，有《猫和老鼠》（*Tom and Jerry*）中的杰瑞鼠，《米老鼠和唐老鸭》（*Mickey Mouse and Donald Duck*）中的米奇鼠。这两只老鼠都是美国老鼠，用日文表达，都可以叫米老鼠（米国的老鼠）。我记得，三岛由纪夫说，有只老鼠，认为自己是猫，但谁都不承认，只好以死明志，一头扎进水缸（老鼠会游泳，淹不死的）。切腹谢罪是日本传统。三岛由纪夫写切腹，也真的切腹。他说的老鼠绝不是美国老鼠。美国动漫，猫捉老鼠，扑腾半天，七窍生烟，硬是拿老鼠没辙。

美国不像老鼠更像猫。

十二生肖，人养的动物（畜生），马、牛、羊、鸡、犬、豕都在，就是没有猫，[1] 反而让老鼠独大。

天上没有老鼠

鼠是"地下工作者"。它住地下，特别接地气。地下王国是鼠的王国。

小时候，我住东四六条38号（崇礼故居，今63、65号），冈村宁次住过的院。那时的我跟现在的人想法不一样，我特别讨厌四合院，特别羡慕住楼房，原因是平房离地太近，有老鼠出没。我爸的办公室，一拉抽屉，老鼠窜出来，里面全是纸屑。我想，天上肯定没有老鼠。

美国，花园洋房大草坪，多好，有鼠患。有个教授说，他去看朋友，朋友好客，执意留宿，盛情难却。老鼠在天花板里闹一宿，他实在睡不着，半夜悄悄溜出去，上街找旅馆。

---

〔1〕《五行大义·论三十六禽》有猫。

现在，我住高层，已经有点忘了。上回在南锣鼓巷吃饭，桌上的杯盘碗盏忽然哐啷啷好像闹地震，我还没反应过来，一只小老鼠，噌一下蹿我肩上，回头跟我瞪眼，说时迟，那时快，瞬间消失。

旁边桌上有位食客说，饭馆有老鼠，太正常，气定神闲。

鼠是游击专家

鼠擅长地道战。日本鬼子占河北，河北不像我们老家，山西有千山万壑、铁壁铜墙，冀中大平原，没处躲，没处藏，于是祭出咱们老祖宗的一大发明，地道战。

抗日战争，日本鬼子挖封锁沟，八路军挖地道。抗美援朝，美军轰炸，黎原将军发明坑道战。冷战时期，中国上空，战云密布，我们天天放《地道战》《地雷战》。《地道战》的战法肯定很古老，我们从《墨子》城守各篇尚可略知一二（岑仲勉、叶山做过考证），那方法似是受了挖山洞、挖矿井的启发。

其实，《墨子》太晚，这是老鼠的发明。

深挖洞，广积粮，不称霸

老鼠，天上有鹰，地上有猫，到处是天敌，怎么办？挖洞。

现在，天上有卫星、无人机，地上地下，各种导弹，水上水下，各种舰船，地道战是不是过时了？不是。

我看国防军事频道《大家谈》，宋晓军、宋宜昌讲叙利亚内战，地道战还非常管用。他们说，一探头就是死，大家都躲地下。

于是，我想起了一句名言，1972年，毛主席号召，"深挖洞，广积粮，不称霸"。

这话是从朱元璋采纳朱开的口号脱出。原话是"高筑墙，广积粮，缓称王"（《明史·朱升传》）。两者的共同点只是"广积粮"，其他两句不一样。

"高筑墙"，明朝最爱筑城，特别是修长城。修长城是对付北方民族南下。清朝，满族自己就是南下的北方民族，用不着这玩意儿，改修庙，到处修喇嘛庙。我们"备战备荒为人民"那阵儿，主要是修防空洞。"文革"中的考古大发现多与"深挖洞"有关。

"广积粮"，老鼠不会筑墙，只会挖洞。挖洞是老鼠的看家本事，俗话说，"龙生龙，凤生凤，老鼠的儿子会打洞"。三年困难时期，鼠口夺粮，挖开老鼠洞一看，好家伙，里面的粮食还真不少。

"缓称王"，不是不称王，只是夹着尾巴做人（人没有尾巴，狗认怂才夹尾巴），暂时不称王，以后再说。毛主席说"不称霸"，是永远不称霸。但你不称霸，有人称霸，称霸的要欺负你，怎么办？列宁不是宣布过，沙俄的不平等条约一律作废，但形格势禁，虎狼世界废不了。老鼠，但求有吃有喝不挨打，对它来说，称霸太奢侈，简直就是自不量力，它才不做这个梦。人，不一样。夹着尾巴做人，尾巴越来越大，大到夹不住了，怎么办？

现在，美食家自称吃货，名校高才生人称学霸，都是专拿坏词当好词。有一回，"北京论坛"在钓鱼台开会，北大学生采访，非要我给年轻学子送句鼓励的话，我脱口而出，就是"深挖洞，广积粮，不称霸"。

郭路生（食指）是我们那一代的诗人，与我同庚，他为人真诚，非常低调。去年，我在北大给他祝寿，送他此语。我说"愿与路生共勉"。

出土文物中的鼠

出土文物，老鼠比较少见，我所寓目，有两只老鼠最漂亮。

1．西汉铜鼠饰件〔图1〕，陕西兴平市豆马村汉武帝茂陵遗址出土，展览定为西汉中期，茂陵博物馆藏。

2．辽代水晶老鼠〔图2〕，内蒙古喀喇沁旗宫家营子乡吉旺营子辽墓出土，赤峰博物馆藏。

茂陵博物馆的老鼠来京展出，展览叫"与天久长"。我在清华大学艺术博物馆隔着展柜观察，发现几个有趣的现象。

第一，说明牌称此鼠为"衔物鼠"，它口中衔着个小球，这是什么"物"？我初以为葡萄，但细看，小球上有一圈一圈的纹饰。

第二，说明牌称此物材质为"青铜"，但颜色为红色。我请教过冶金史专家苏荣誉，他认为，红色可能是氧化亚铜，宣德炉有类似颜色。

第三，乍看，此鼠与普通老鼠无异，特别是一头一尾非常像，但细看，它身上有用细刻线纹组成的平行条纹，类似花栗鼠（Tamias）。花栗鼠是松鼠科，与普通老鼠不同。此鼠似乎混合了老鼠和松鼠的特点。

第四，它的腹部有一短针，显然是插在另一器物上。承清华大学艺术博物馆谈晟广副馆长提供照片，底部可以看得很清楚，红色上面覆盖着一层绿色。

我怀疑，此鼠原来可能是插在某种器物上，大概是器盖上的捉手，而非器錾，绿色是来自它下面承托的器物。

赤峰博物馆的老鼠，晶莹剔透，卡通范儿，形象十分可爱。

图1-1　西汉铜鼠饰件　茂陵博物馆藏

图1-2　铜鼠头部

图1-3　铜鼠身上的条纹

图1-4　铜鼠底部

图2　辽代水晶老鼠　赤峰博物馆藏

牛年说牛

牛在十二生肖中的位置

十二生肖，以牛配丑。放马滩秦简《日书》甲种、睡虎地秦简《日书》甲种、孔家坡汉简《日书》同。[1]

三十六禽，牛、蟹、鳖并列，《五行大义》的解释比较绕。[2] 放马滩秦简《日书》乙种讲钟律配兽，其中有牛，[3] 未见蟹、鳖。

牛是大牲口

十二生肖，家畜占一半，牛居其一。牛当丑位，相当殷历的正月，也是一年的开始。

北京流行《九九歌》，最后一句是"九九加一九，耕牛遍地走"。冬至到春分，一共90天。九九八十一天，再加九天，正好是春分。耕牛遍地走，才迎来真正的春天。

六畜，畜者养也。马、牛、羊、鸡、犬、豕都是人养。马、牛是大牲口，特点是靠力气吃饭，听人使唤。司马迁《报任少卿书》，自称"太史公牛马走"，意思是说，我是给皇上当牛做马的人，只

---

[1]《天水放马滩秦简》，84页；简31；《睡虎地秦墓竹简》，219页；简70背；《随州孔家坡汉墓简牍》，175页；简368。

[2]《五行大义·论五行大义》："丑为牛、蟹、鳖者，丑为艮，立春之节，农事既兴，牛之力也。又上当牛宿。《说题辞》曰：牛为阴事，牵耦耜耕也，故在丑。蟹者，立春之时，桑木生根，如其足也。艮为山，巨灵赑屃，首顶灵山，负蓬莱山，即巨蟹也。鳖者，土之精气而生，中软外坚，象土含阴阳也。其藏黄者，土之色也。牛亦有黄，蟹中亦黄，皆土精也。丑在北方水位，故兼主水土。"

[3]《天水放马滩秦简》，97页；简209。

是个奴才。[1] 人使唤牛马，有一套吆喝，[2] 叫它走它走，叫它停它停，人使唤人，也有一套吆喝。

五牲，牛、羊、豕、犬、鸡，其中没有马。牲是牺牲。古代祭祀，牛、羊、豕三牲全叫大牢，只有羊、豕没有牛叫少牢。汉地，一般不吃马，牛是牺牲之首。这些给神祇和祖宗祭献的东西，只是让他们的在天之灵闻一闻，闻完了，撤下来，分给人吃。

西北多马，秦人以养马著称。《史记·封禅书》讲秦人在雍四時祭祀青、白、黄、赤四帝，以马代牛，马也被用作牺牲。[3]

这些动物都是人类驯化和饲养的动物，下场都是进人的肚子。

十二生肖把马、羊放一块儿，鸡、犬、豕放一块儿，单把牛拎出，与鼠搭配。

鼠很小，牛很大，但古代郊祭用牛，常被鼷（音xī）鼠咬伤，不得不换牛，重卜郊祭之日。《左传》三次提到"鼷鼠食郊牛"（成公七年、定公十五年、哀公元年）。鼷鼠是带病毒的老鼠。

牛对农民很重要

人类从史前社会迈入文明社会，牛、马起很大作用。牛对农业，马对畜牧业，贡献尤其大。

牛，身材高大，埋头吃草。但牛遇强敌，凛然不可犯，有时又很凶猛，谁见了都怵。《说文解字·牛部》："牛，大牲也。""物，万物也。牛为大物，天地之数起于牵牛，故从牛勿声。"

---

〔1〕《尔雅·释畜》讲六畜，先分别讲马、牛、羊、狗、鸡五属，不及猪；再讲马、牛、羊、彘、狗、鸡之大者。

〔2〕内地多呼得儿/驾/喔/吁，但我在内蒙古赶过牲口，当地有另一套吆喝。

〔3〕秦穆公有"食骏马之肉，而不还饮酒者，伤人"说，见《淮南子·氾论》《史记·秦本纪》《说苑·复恩》等书。古人一般不吃马肉，甚至有食马肝杀人的说法。

二十八宿，北方七宿曰斗、牛、女、虚、危、室、壁。这七宿，配冬天，多与居家过日子有关。斗是用来舀水或称粮食的器具，生活离不了。牛是牵牛，跟牛郎有关。女是婺女或须女，跟织女有关。二宿象征男耕女织。虚读墟，墟是废墟，房倒屋塌叫废墟。危读垝（音guǐ），垝是毁垣，倒塌的墙。室是营室，在东壁西，象征盖房。壁是东壁，在营室东，代表垒墙。墙倒屋塌，得赶紧修房子。

十二生肖，牛当丑位，这个位置是牵牛所在，跟居家过日子有关。俗话说，"三十亩地一头牛，老婆孩子热炕头"。牛对农民很重要。

犀牛不是牛

牛属牛科（*Bovidae*）。牛科动物有三大特点：

第一，牛属偶蹄目，蹄子分瓣，与马不同，马是奇蹄目，蹄子不分瓣。偶蹄目分胼足亚目（如骆驼和羊驼）、猪形亚目（如猪和西貒，貒音tuàn）和反刍亚目（如牛、羊、鹿）。[1]偶蹄目的动物多为食草动物。

第二，牛属偶蹄目下的反刍亚目。反刍动物有四个胃，可以把吃进前三个胃里的东西倒腾到嘴里，反复咀嚼。反刍亚目不光有牛科，还有鹿科。

第三，牛属反刍亚目下的牛科。牛科动物，不光有牛，还有羊和羚羊。它们都有角，但跟鹿科不同。鹿科动物每年换角，角是实心，牛科动物终生不换角，角是空心，所以牛科也叫洞角科。牛角可以做成角杯，西亚流行来通（rhyton），来通就是模仿牛角。[2]

---

〔1〕羊驼、西貒是美洲动物，西貒类似野猪。
〔2〕南越王墓出土过中国仿制的玉来通，何家村唐代窖藏出土过中国仿制玛瑙来通。

犀牛属奇蹄目犀科，与牛科不同。犀牛的蹄子跟马类似，蹄子是圆的，不分瓣。

非洲犀分黑犀和白犀，体型高大，双角；亚洲犀分印度犀、爪哇犀和苏门答腊犀，中国本来都有。

亚洲犀，苏门答腊犀是双角犀，体型最小，1916年在中国灭绝；印度犀是独角犀，体型最大，1920年在中国灭绝；爪哇犀也是独角犀，体型比印度犀小，比苏门答腊犀大，1922年在中国灭绝。灭绝的原因，不完全在气候，更重要的是人。人不光屠杀犀牛，用犀牛皮做铠甲、做盾牌，而且夺其居地，迫使犀牛不断南迁，直到退出中国。

中国工艺，明清流行犀角杯。网上说，这类文物，存世有五千件。我在香港看过一个私人藏家的展览，他一个人就收藏了那么多。这得杀死多少犀牛呀。犀角入药，也害死了不少犀牛。

犀牛在中国已成历史记忆。

出土文物：

1. 商代小臣俞犀尊〔图1〕，梁山七器之一，清代山东寿张县出土，失盖，有铭文："丁巳，王眚（省）夔且，王易（赐）小臣俞夔贝，佳（惟）王来正（征）人（夷）方，佳（惟）王十祀又五肜日。"美国旧金山亚洲艺术博物馆藏。

2. 战国错金银犀牛带钩〔图2〕，四川昭化宝轮院出土，青铜错金银，中国国家博物馆藏。

3. 西汉错金银犀牛尊〔图3〕，陕西兴平县豆马村出土，青铜错金银，中国国家博物馆藏。

4. 西汉铜犀牛〔图4〕，江苏盱眙大云山江都王墓出土，青铜鎏金，南京博物院藏。

这四件器物都是表现双角犀。亚洲双角犀只有苏门答腊犀。

商代甲骨文有兕字，兕是象形字，古音为邪母脂部，犀是形声

图1　商代小臣俞犀尊　旧金山亚洲艺术博物馆藏（许杰提供）

图2　战国错金银犀牛带钩　中国国家博物馆藏

图3　西汉错金银犀牛尊　中国国家博物馆藏

图4　西汉江都王墓出土铜犀　南京博物院藏

字，古音为心母脂部。有人认为，犀、兕本来是一字，但《左传》宣公二年"牛则有皮，犀兕尚多，弃甲则那"，犀与兕，混言无别，但还不能认为完全一样。

兕、犀二字见《尔雅·释兽》，区别是"兕，似牛。犀，似猪"，前者大，后者小。郭璞注说，兕是"一角，青色，重千斤"，犀是"形似水牛，猪头，大腹，痹脚。脚有三蹄，黑色。三角，一在顶上，一在额上，一在鼻上。鼻上者，即食角也，小而不椭。好食棘。亦有一角者"。兕一角似牛者应指印度犀，犀两角似猪者应指苏门答腊犀，犀或一角者应指爪哇犀。郭璞注所谓三蹄三角误。

兕字见《说文解字·兕部》，许慎的解释是"兕，如野牛而青，象形，与禽、离头同，凡兕之属皆从兕。ᖇ，古文从儿"。犀在《说文解字·牛部》："犀，南徼外牛，一角在鼻，一角在顶，似豕，从牛，尾声。"前者的古文即兕，兕指印度犀或爪哇犀，犀指苏门答腊犀。放马滩秦简《日书》乙种讲钟律配兽，有㾗牛。㾗牛即兕牛。[1]

南方进贡犀象，多在所谓南徼外，即东南亚和南亚，而黄支之犀尤为著称。[2] 黄支即《大唐西域记》的建志补罗，在今印度马德拉斯西南的Kancipura。

当年，史语所发掘西北冈1004号大墓，出土牛方鼎[图5]和鹿鼎，这两件鼎各有一个图形文字，一个是牛形，一个是鹿形。雷焕章说，商代甲骨文的兕字，不像鼻上长角，更像头上长角，牛鼎上用图形表现的牛是兕字，兕即今水牛。[3]

此说恐难成立。

第一，文献记载，犀、兕连言，兕与犀应当相近。水牛、黄

〔1〕《天水放马滩秦简》，97页：简210，照片不清楚。
〔2〕见《汉书》的《平帝纪》《地理志下》《王莽传上》《王莽传下》，《后汉书》的《班彪列传》《文苑列传》《南蛮西南夷列传》。
〔3〕〔法〕雷焕章（Jean A. Lefeuvre）《商代晚期黄河以北地区的犀牛与水牛——从甲骨文中的㾗和兕字谈起》，葛人译，《南方文物》2007年4期，150–160页。

图 5-1　西北冈 1004 号大墓出土牛方鼎　台北"中研院"历史语言研究所藏

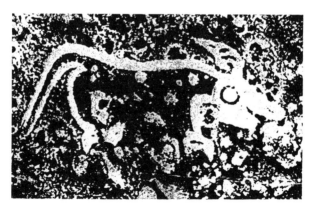

图 5-2　牛方鼎铭文

牛，不管是野生种，还是家养种，都是牛科动物，与犀科动物有别。

第二，文献记载，犀是双角，兕是独角，魏晋时期，人们还能见到犀牛，《尔雅》《说文解字》之说并非向壁虚造。雷焕章谓此说后起，更早未必如此，并无任何证据。

黄牛，英语叫cattle，公牛叫bull，母牛叫cow，骟过的牛叫ox。这些词都是指欧洲人熟悉的牛。水牛叫buffalo，对他们来说，完全是另一种动物，不属于他们说的牛，但中国传统，水牛也是牛，不是兕。水牛与黄牛不同，不等于说，水牛必须是兕。

中国牛

中国牛分黄牛、水牛、牦牛、瘤牛。

（一）黄牛（*Bos primigenius taurus*）

主要在中国北方，南方也有。这种牛号称黄牛，但不一定都是黄的，也有其他颜色，如黑色、红色、白色、杂色。黄牛也叫欧洲牛，一般认为是西来。但今黄牛，据学者研究，是杂交牛，它有三个血统来源，一是东亚普通牛，二是欧亚普通牛，三是中国南方的瘤牛。故宫博物院藏韩滉《五牛图》，五牛都是黄牛。黄牛的祖先是原牛（*Bos primigenius*），八千年前就已驯化，体型远比今黄牛更为高大，如西班牙阿尔塔米拉岩洞和法国拉斯高岩洞中欧洲先民画的牛就是这种牛。原牛曾广泛分布于欧亚大陆和北非，1627年，最后一只在波兰绝种。

中国黄牛有五大优良品种：秦川牛、南阳牛、鲁西牛、延边牛和晋南牛。五大优良品种主要在黄河流域。

图6　战国楚大府卧牛镇　中国国家博物馆藏

出土文物：

1．错银战国卧牛镇[图6]，安徽寿县丘家花园出土，器底有楚国铭文：大膚（府）之器。从牛角看，可能是黄牛。中国国家博物馆藏。

2．汉鎏金铜立牛[图7]，河南偃师寇店出土，河南博物院藏。

3．唐三彩卧牛[图8]，甘肃秦安叶家堡出土，甘肃省博物馆藏。同出还有立牛，也是黄牛。

（二）水牛（*Bubalus*）

水牛主要在南方，淮河流域是其北界，我在河南桐柏见过。亚洲水牛分野生水牛和家养水牛，野生水牛已经很少。我国南方的水牛其实很温顺。有一回，我跟两位美国女学者在荆州参观，她们看见水牛，居然吓了一大跳，还以为是野牛。商代祭祀，多用圣水牛（*Bubalus mephistopheleles hopwood*），圣水牛是野水牛。

出土文物：

1．商代牛尊[图9]，湖南衡阳市郊包家台子出土，衡阳博物馆

图 7　汉鎏金铜立牛　河南博物院藏

图 8　唐三彩卧牛　甘肃省博物馆藏

图9　商代牛尊　衡阳博物馆藏

藏，盖上有小虎。

2．**商代牛尊** [图10]，安阳殷墟花园庄东地54号墓出土，中国社会科学院考古研究所藏，腹壁有虎纹。

3．**西周牛尊** [图11]，陕西岐山县贺家村出土，陕西历史博物馆藏，盖上有小虎。

牛是老虎的捕食对象。这三件牛尊，盖上皆有小虎。殷墟所出，腹壁还有虎纹。

（三）牦牛（*Bos mutus* 或 *Bos grunniens*）

古书有犛、氂二字。《说文解字·犛部》："犛，西南夷长髦牛也。""氂，犛牛尾也。"这两个字皆有二音，或读lí，或读máo，实际用法经常混淆。[1] 牦牛分野牦牛和家牦牛。牦牛主要在青藏高原，

---

[1] 放马滩秦简《日书》乙种讲钟律配兽，有牦牛，见《天水放马滩秦简》，97页：简211。

图 10　商代牛尊　中国社会科学院考古研究所藏

图 11　西周牛尊　陕西历史博物馆藏

图 12-1　鄂尔多斯式牦牛青铜带扣

图 12-2 鄂尔多斯式牦牛青铜带扣

新疆也有。新疆牦牛主要分布在天山以南的阿尔金山、昆仑山、帕米尔高原，中心产区在和静县巴音布鲁克区。蒙古国、俄罗斯的图瓦共和国和伊尔库茨克一带也有牦牛，我在西伯利亚见过。牦牛只见于高寒地区。近年吕梁山区引进过甘肃白牦牛和美洲羊驼。

出土文物：

1．牦牛青铜带扣，内蒙古鄂尔多斯市出土，鄂尔多斯博物馆藏。这类带扣，通常分两种：一种是单牛，只有牛头 [图12-1、2]，牛头下有树叶状镂孔；一种为双牛，表现全身，牛身下有一串树叶状纹饰 [图12-3]，通常只笼统称为牛。其实，这种牛，既不是黄牛，也不是水牛，而是牦牛。所谓树叶状镂孔或纹饰，正是表现牦牛下垂的长毛。2015年8月18日，我在俄罗斯图瓦共和国的一个考古工地（位于叶尼塞河的岸边）见到一枚青铜带扣 [图12-4]，与鄂尔多斯所出一模一样。

2．牦牛金带扣 [图13]，新疆吐鲁番交河沟西一号墓地一号墓出土。

3．牦牛青铜带扣 [图14]，内蒙古鄂尔多斯市出土，鄂尔多斯博物馆藏。

4．牦牛青铜带扣 [图15]，宁夏西吉县苏堡乡出土，固原博物馆藏。

5．虎噬牦牛青铜带钩 [图16]，1991年甘肃华池县公安局移交华

图12-3 鄂尔多斯式牦牛青铜带扣

图12-4 图瓦牦牛青铜带扣

图13 牦牛金带扣 新疆文物考古研究所藏

图 14　鄂尔多斯式牦牛青铜带扣　鄂尔多斯博物馆藏

图 15　鄂尔多斯式牦牛青铜带扣　固原博物馆藏

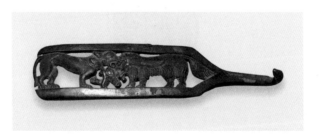

图 16　虎噬牦牛青铜带钩　华池县博物馆藏

池县博物馆藏。所谓虎，形似狼。

6.**牦牛金饰件**〔图17〕，新疆乌苏市四棵树墓地出土，东西虽然很小，只有1厘米×1厘米×2厘米大，但栩栩如生。

7.**元代青铜牦牛**〔图18〕，甘肃省博物馆藏，据说出自甘肃天祝县。天祝县盛产白牦牛。

（四）瘤牛（*Bos indicus*）

脖子上起肉瘤，类似驼峰，古代叫犦（音bó）牛或犎（音fēng）牛。《尔雅·释畜》有犦牛，郭璞注："即犎牛也。领上肉犦胅（音dié）起，高二尺许，状如橐驼，肉鞍一边，健行者日三百余里。今交州合浦徐闻县出此牛。"滇国铜器上的牛都是表现瘤牛。如云南晋宁石寨山出土滇国贮贝器上的牛就是这种牛〔图19〕。我国瘤牛灭绝已久，现在的瘤牛是从国外引进。

图17　汉牦牛金饰件　新疆文物考古研究所藏

图 18　元代青铜牦牛　甘肃省博物馆藏

图 19　滇国贮贝器上的瘤牛　中国国家博物馆藏

我国的牛，主要是作耕牛

欧亚大陆，两头都有牛，也都有猪。欧洲人爱吃牛，喜欢吃猪肉的国家有，如德国、西班牙、意大利，但总体而言，猪肉比不了牛肉。我国正好相反。

牛在欧洲主要是作肉牛、奶牛，而不是耕牛。这是以畜牧业为背景。欧洲的畜牧业背景比我们深。我国不同，自古重农，牛是用来耕地和拉车，主要是役畜。

我国历代都禁止私自宰杀耕牛。耕牛是重要的生产资料。据睡虎地秦简《厩苑律》，秦代对牛、马非常重视。当时，大牲口多为公产，即官方所有，牛、马要定期考核，死了要及时上报，肉、筋、角要交公。别说随便杀牛，就是瘦了、病了、死了都有人管。

季羡林回忆他母亲，小时候的山东，牛只有老得不行才能杀了吃，这样的牛肉，只有用尿液煮才嚼得动。但就是这样的牛肉，他妈都舍不得吃，全都留给孩子吃。季羡林说，他妈一辈子都没吃过肉（《永久的悔》）。

20世纪50年代的中国，杀耕牛仍然不允许。

牛是用来耕地、拉车，不是为了满足口腹之欲。

牛字今义：了不起

俗语有"吹牛拍马"一词。越是俗语，越难考镜源流。

顾颉刚尝作《吹牛、拍马》考之，[1] 以为"吹牛"是吹牛皮筏子，黄河岸边的河工烦对方吹牛，就说"去你的，到河边去吧"，

---

[1] 顾颉刚《史林杂识初编》，北京：中华书局，1963年，131—134页。

意思是你就在河边吹吧。"拍马"则是草原上的朋友见面，互拍对方的马屁股，连呼"好马好马"，向对方致意。其说有趣，不知是否为正确答案。

现在，大家喜欢说，牛，真牛，意思是了不起，太伟大了。北京人骂人，说你丫真不是东西。英语倒好，you are really something（直译：你真是个东西）！那意思反而是说，你丫真牛。但自己说自己真牛，就是吹牛了。

吹牛拍马是一种文化，太值得研究。吹牛拍马跟专制独裁有关，可参看希罗多德《历史》III. 80。《读书》2019年6期有一幅插画，旁题：

你要人们称赞吗？那么不要称赞自己。——帕斯卡

不过，心理学家说，吹牛也有好处，等于自个儿给自个儿打气，就像牛皮筏子，不把气吹足，急流险滩还真过不去。

虎年说虎

虎在十二生肖中的位置

十二生肖，以虎配寅，与兔相邻。[1]虎的辰位相当夏历正月，也是一年的开端。放马滩秦简《日书》甲种、睡虎地秦简《日书》甲种、孔家坡汉简《日书》同。[2]

三十六禽，以虎、豹、狸并列。狸是狸猫，也叫豹猫，身上有豹斑。豹猫属于野猫。野猫、家猫都抓耗子。三者皆猫科动物。放马滩秦简《日书》乙种讲钟律配兽，其中有虎，[3]未见豹、狸。

食肉动物虎为大

十二生肖，有吃素的，有吃肉的，也有杂食者。虎是食肉动物，马、牛、羊和兔子是食草动物。

中国的食草动物，象为大。象在十二生肖之外。商代，黄河流域仍有象，但后来只剩南方还有，再后来，只剩云南还有。汉代，大象和骆驼，对中原人来说，已经成了异域风情。十二生肖没有象，很正常。

中国的食肉动物，虎为大。虎是顶级捕食者，高居食物链的顶端。

---

[1] 楚令尹子文名斗穀於菟，据说是老虎奶大。《左传》宣公四年："楚人谓乳穀，谓虎於菟。"楚人管老虎叫於菟（音wū tú）。
[2] 《天水放马滩秦简》，84页：简32；《睡虎地秦墓竹简》，219页：简71背；《随州孔家坡汉墓简牍》，175页：简369。
[3] 《天水放马滩秦简》，97页：简212。

近东艺术和欧洲艺术，鹰、狮、牛最重要。[1] 我国艺术，龙、凤、虎最重要。[2] 虎在中国艺术中，地位仅次于龙、凤。

虎是猫科动物

猫科动物（*Felidae*）分三个亚科：豹亚科（*Pantherinae*）、猎豹亚科（*Acinonychinae*）和猫亚科（*Felinae*）。

豹亚科包括狮、虎、豹和美洲豹（*Panthera onca*，英语叫Jaguar）。老虎和狮子关系比较近，豹和美洲豹关系比较近。青藏高原的雪豹也属豹亚科。

猎豹亚科包括非洲猎豹和亚洲猎豹，亚洲猎豹也叫印度猎豹，一般认为已经灭绝，据说野外又有发现。我们在影视中看到的猎豹都是非洲猎豹。这种动物，脚爪不能伸缩，类似犬科动物。犬科比猫科容易驯化。有人拿猎豹当狗养。

猫亚科包括野猫、猞猁、美洲狮（*Puma concolor*，英语叫Puma），一般比较小，但美洲狮比较大。家猫是从野猫驯化。野猫（*Felis sivestris*）分三种，一种是沙漠野猫，分布于中亚、西亚，一种是欧洲野猫，一种是非洲野猫。据说欧洲家猫是从非洲野猫驯化，来源是埃及、利比亚。亚洲家猫是从沙漠野猫驯化。

这三类动物，虎、豹、狮是大猫，资格最老；猎豹是中型，辈分浅一点；猫最小，辈分最浅。生物进化，其实都是进化与退化相随，先进与落后互换。古人云，譬如积薪，后来居上。猫是沾了人

---

〔1〕西方瑞兽，斯芬克斯是人面狮身，拉马苏是人面牛身，格里芬是鹰首狮身加鹰翼，波斯石刻流行狮子扑食公牛像。欧美国徽多以鹰、狮为饰。参看李零《"国际动物"：中国艺术中的狮虎形象》，收入氏著《万变》，北京：生活·读书·新知 三联书店，2016年，329–401页。
〔2〕李零《说龙，兼及饕餮纹》，《中国国家博物馆馆刊》，2017年3期，53–75页。

的光，后来居上。野生动物，只好当落后分子，等着濒危。

《礼记·郊特牲》："迎猫，为其食田鼠也。"人对猫抓耗子，用的是一个"迎"字。他们热烈欢迎的猫是什么猫？有人说传自印度，有人说传自中亚，都是以沙漠野猫为源头。

郭郛说，"周代初年所迎的猫当是从甘肃、宁夏、陕西等地引入家中或庭院"，似乎亦主西来说，但他又说，"战国时期，各地群众又将本地所产的狸（*Felis bengalensis*）家化"，似乎也不排斥本土驯化说。[1]

中国没有猎豹。

中国的虎

虎是典型的亚洲动物。

老虎的原产地是亚洲大陆，它分九个亚种：

1. 西伯利亚虎（Siberian tiger，*Panthera tigris ssp.altaica*），中国叫东北虎，也叫乌苏里虎、阿穆尔虎、满洲虎、朝鲜虎，主要分布在中国东北、俄罗斯远东地区和朝鲜半岛。体型最大，濒危。

2. 里海虎（Caspian tiger，*Panthera tigris virgata*），中国叫伊犁虎或新疆虎，也叫波斯虎、高加索虎、图兰虎，主要分布在中国新疆、中亚五国、阿富汗北部和伊朗北部，并沿呼罗珊大道，经里海南岸，向西播散，最远可达南高加索和土耳其东部。体型第三大，1981年灭绝。据研究，这种虎的基因与西伯利亚虎最近。

3. 华南虎（South China tiger，*Panthera tigris Amoyensis*），也叫厦门虎。这种老虎是中国独有的虎种，曾广泛分布于华东、华中、华南、西南，以及陕西、陇东、豫西和晋南的个别地区，不断向江

---

[1] 郭郛等《中国古代动物学史》，北京：科学出版社，1999年，412–415页。

西、福建一带退缩。体型较小，现在在野外已经见不到，只剩动物园还有。

4. 孟加拉虎（Bengal tiger, *Panthera tigris tigris*），分布在中国西藏的墨脱、孟加拉和印度东部，现存数量最多。体型第二大，濒危。

5. 印度支那虎（Indochinese tiger, *Panthera tigris ssp. corbetti*），分布在中国西南和中南半岛（即印度支那），体型较小，濒危。

6. 马来亚虎（Malayan tiger, *Panthera tigris jacksoni*），2004年才从印度支那虎中分出的新亚种，主要分布在马来西亚和泰国。体型较小，极危。

7. 苏门答腊虎（Sumatran tiger, *Panthera tigris ssp.sumatrae*），主要分布在印度尼西亚的苏门答腊岛。体型较小，极危。

8. 爪哇虎（Javan tiger, *Panthera tigris sondaica*），分布在印度尼西亚的爪哇岛。体型较小，1988年灭绝。

9. 巴厘虎（Bali tiger, *Panthera tigris balica*），曾生活在印度尼西亚的巴厘岛。体型最小，1937年灭绝。

这九个亚种，中国占了五个。中国东北有东北虎，中原和东南有华南虎，正南有印度支那虎，西北有伊犁虎，西南有孟加拉虎。老虎是典型的亚洲动物，中国是老虎分布区的中心。

华南虎

小时候，我二叔在福建做事，他是南下干部，每次来北京，总是带着龙眼、荔枝，各种南方的水果。有一回，他带来一张虎皮，很漂亮。福建的老虎，当然是华南虎了。

二叔说，他买了一只整虎，很便宜，虎肉、虎骨，他留下了，福建太热，虎皮没用，带来送哥嫂。我妈特能干，居然会熟皮子

（鞣皮）。她把熟好的皮子，剪掉四肢、尾巴，只留脑袋、身子，缝了两个圆片，补在两眼留下的窟窿上，做成一床褥子。这床褥子，他俩一直铺，等我结婚，送我当礼物。

我在《放虎归山》序中曾谈到华南虎。我说：

> 记得小时候，人们总是说华南虎多而东北虎少，所以我老是爱到动物园去看东北虎，对于华南虎不甚珍惜。但现在噩耗传来，情况却是：东北虎虽濒于灭绝，但尚未死光；相反，真正绝种（在野外绝种）的倒是华南虎。中国人多，而华南尤多，如水潦尘埃归焉，此虎之所以亡也。即此一端已足证明，"人无伤虎意，虎有害人心"，乃是人类的颠倒黑白。

华南虎是怎么灭绝的，各地有各地的故事。

嘉靖十一年（1532），有只老虎窜到山西运城的盐神庙，被当地官员命人打杀，有碑记其事，曰《盐池虎异记》，立于海光楼前，我见过。

我在香港访学，听说香港也闹过老虎。"最后的老虎"有二。一只是"上水之虎"，1915年在上水咬死两名警察，被击毙于粉岭一带；一只是"赤柱之虎"，偷吃英军战俘营的猪，1942年被日军射杀，虎皮还在赤柱的天后宫。

香港的老虎，据说是从广东游水而来，就是逃到这么远，也难逃一死。

狮、虎不相见

北京动物园有个狮虎山，小时候常去。侯宝林有个电影相声剧，叫《游园惊梦》，就是在那儿拍的。狮虎山把老虎、狮子关在一个地方，这是动物园，现实不可能。

其实，老虎独行，喜欢山林，狮子群居，喜欢草原，属于不同的生态区。有狮子的地方一般没有老虎，有老虎的地方一般没有狮子，根本见不着面。

狮子的原产地是非洲。狮子从非洲北部沿地中海东岸北上，一度扩散到两河流域和土耳其西部，并从两河流域南部东传，扩散到伊朗南部和印度西部。

老虎的原产地是亚洲。里海虎是老虎从中国西北向亚洲西部扩散的唯一虎种。

印度，老虎在东边，狮子在西边。伊朗，老虎在北边，狮子在南边。这是狮子、老虎离得最近的地方。

欧亚大陆西段有狮无虎，东段有虎无狮。

中国没有狮子，但汉以来不断从伊朗、阿富汗、中亚一带进口狮子。中国人是通过老虎来认识狮子。

中国流行狮子舞，喜欢用石狮守门，这都是从西方传入。插上翅膀的狮子，中国人叫天禄、辟邪。

古书中的虎与狮

1. 虪（音zhàn）猫。虎的毛色，有些比较浅，近于灰白。如《尔雅·释兽》"虎窃毛谓之虪猫"，郭璞注："窃，浅也。《诗》曰：'有猫有虎。'"《说文解字·虎部》："虎窃毛谓之虪苗（猫），从虎戋声。窃，浅也。"与《尔雅》同。什么叫"窃毛"？窃、浅二字古音相近，古人用为通假字。如古人把浅蓝叫窃蓝，浅黄叫窃黄，浅红叫窃丹。"窃毛"即浅色的毛。虪猫是浅色的虎。

2．白虎。古人以二十八宿的参宿为白虎，代表西方（《史记·天官书》）。汉宣帝元康四年（前62年），于南郡获白虎，献其皮、牙、爪，立白虎祠（《汉书·宣帝纪》和《郊祀志下》）。《尔雅·释兽》："甝（音hàn），白虎。"《说文解字·虎部》从日不从甘，读若鼏。

3．黑虎。《尔雅·释兽》"虪（音shù），黑虎"。虎中有白虎，但无黑虎。虪可能是黑豹。

4．狮子。中国不产狮子，但早在战国时期，中国人就已知道狮子。如《穆天子传》卷一："柏夭曰：'征鸟使翼，曰……乌鸢、鶕鸡飞八百里。名兽使足，〔曰……〕狻猊〔日走五百里〕，野马走五百里，邛邛距虚走百里，麋〔走〕二十里。'"郭璞注："狻猊，师子，亦食虎豹。"《尔雅·释兽》："狻麑如虦猫，食虎豹。"郭璞注："即师子也，出西域。汉顺帝时疏勒王来献犎牛及师子。《穆天子传》曰：'狻猊日走五百里。'"狻麑即狻猊，两者都是翻译西域语言中的狮子。上博楚简《三德》："豻貌飤（食）虎，天无不从。"豻貌是狻猊的另一种叫法，估计是希腊语和罗马语的对应译名。

古人描述，狮子像浅色毛的老虎。中国从西域进口的狮子分两种，黄狮子和白狮子。黄狮子即普通狮子，毛色为浅棕色，白狮子少见，黄狮子不如白狮子金贵（《南史·刘显传》）。

肉食者鄙，未能远谋

葛洪说，"食草者善走而愚，食肉者多力而悍"（《抱朴子·杂应》）。这话不光适合于人以外的动物，也适合于人。我看欧洲大力士比赛，又是搬巨石、翻轮胎，又是拉卡车、拉飞机，常常想起这话。

李希霍芬说，中国男人，长相有点女性化。这是对比于欧洲人。[1] 有个泌尿科的老专家在电视上讲，前列腺癌，我国本来很少，这些年，发病率噌噌往上升，与饮食结构改变有很大关系。生活好了，肉、蛋、奶吃多了，胡子越长越长，头发越长越短，谢顶的人多了，这是征兆。我忽然明白了，唐三彩中的胡商和中国小说中的胡僧为什么长成那样。

动物，从产食经济讲，吃草比吃肉划算。马、牛、羊吃草，草很多，满地都是，不愁没吃喝，种群数量自然庞大，就算老弱病残丧命虎狼之口，剩下的依旧很多。狮子，草原开阔，食草动物成群结队，它们是团伙捕猎，一块干，伙着吃，也还凑合。老虎独霸山林，吃独食，形单影只，独往独来，那是不得已。它们吃了上顿没下顿，自己都不够吃，只好把老婆孩子撇一边。要是低端动物跑没影了，它们就得饿死。

我曾这样形容老虎：

> 恶虎之恶在于饿，它们也有它们害怕的东西。它们比它们的猎食对象更难耐肠中寂寞，它们也比它们的猎食对象更没有食物保障。追击搏斗会耗尽其能量，空无斩获又意味着死亡。
> 它们常常孤独而恐惧，
> 小心翼翼地潜伏，蹑手蹑脚地跟踪，
> 忍耐，等待……
> 一切为了肚子。[2]

〔1〕〔德〕费迪南德·冯·李希霍芬《李希霍芬中国旅行日记》，李岩、王彦会译，北京：商务印书馆，2016年，533—534页。
〔2〕李零《大营子娃娃小营子狗》，收入氏著《花间一壶酒》，太原：山西人民出版社，306—315页。

农业民族吃粮，属于植物群落的一部分；骑马民族吃肉，属于动物群落的一部分。两者的关系有点像。

古代，即使农业社会，上层和下层也有类似划分。兽有猛兽，人有猛人。商周时期，只有贵族才有肉吃。然而曹刿说了，"肉食者鄙，未能远谋"（《左传》庄公十年）。

出土文物中的虎

出土文物中的虎，材料很丰富，这里举几个典型例子。

1. 商代虎纹石磬[图1]，河南安阳武官村大墓出土，中国国家博物馆藏。

2. 商代伏鸟双尾铜卧虎[图2]，江西新干县大洋洲出土，江西省博物馆藏。同出器物多以虎为饰。

3. 西周虎尊[图3]，传出陕西宝鸡斗鸡台，弗利尔美术馆藏。

4. 西周虎形铜饰件[图4]，陕西扶风黄堆乡一号墓（M1:19）出土，陕西宝鸡周原博物馆藏。这类铜饰件多有发现（如绛县横水墓地所出）。最近宁县石家墓地也出土过春秋时期的类似饰件，据说是箭箙上的装饰。

5. 春秋多戈戟[图5]，河南叶县旧县乡四号墓（许公宁墓）出土，饰龙、虎、鸟、蛇四兽，叶县县衙博物馆藏。

6. 春秋虎形金饰件[图6]，湖北枣阳曹门湾曾国墓地1号墓出土，湖北省文物考古研究所藏。

7. 春秋虎形金饰件[图7-1]，甘肃宁县石家墓地出土。承发掘者告，此器为箭箙上的饰件。庆阳博物馆有类似饰件，出土于宁县湘乐镇宇村。

8. 春秋虎纹玉佩[图8]，河南光山县宝相寺黄君孟墓出土，河南博物院藏。

9. 春秋虎纹玉佩[图9]，河南淅川县下寺出土，河南博物院藏。

图 1　商代虎纹石磬　中国国家博物馆藏

图 2　商代伏鸟双尾铜卧虎　江西省博物馆藏

图 3　西周虎尊　弗利尔美术馆藏

图 4　西周虎形铜饰件　陕西宝鸡周原博物馆藏

图 5　春秋多戈戟　叶县县衙博物馆藏

图 6　春秋虎形金饰件　湖北省文物考古研究所藏

图 7-1　春秋虎形金饰件，石家墓地出土

图 7-2　春秋虎形铜饰件　庆阳博物馆藏

图8 春秋虎纹玉佩 河南博物院藏　　　　图9 春秋虎纹玉佩 河南博物院藏

10．战国虎纹玉佩［图10］，湖北随县（今随州）曾侯乙墓出土，湖北省博物馆藏。

11．战国虎食鹿器座［图11］，河北平山中山王墓出土，河北博物院藏。

12．战国虎形金饰件［图12］，陕西宝鸡市魏家崖出土，西安博物院藏。

13．战国秦虎豕搏斗纹带扣［图13］，内蒙古准格尔旗西沟畔2号墓出土，内蒙古博物院藏。

14．霍去病墓石虎［图14］，霍去病墓在陕西兴平。

15．西汉错金虎节［图15］，广州象岗南越王墓出土，西汉南越王博物馆藏。

16．战国虎噬羊带扣［图16］，宁夏西吉新营乡出土，固原博物馆藏。

17．战国虎形银饰件［图17］，陕西神木大保当乡纳林高兔村出土，陕西历史博物馆藏。

18．战国虎噬驴带扣［图18］，宁夏固原杨郎墓地出土，固原博物馆藏。

19．比较：虎纹木棺［图19］，俄罗斯阿尔泰共和国巴沙达尔（Bashadar)2号石冢出土，年代在公元前6世纪，艾尔米塔什博物馆藏。

图 10　战国虎纹玉佩　湖北省博物馆藏

图 11　战国虎食鹿器座　河北博物院藏

图 12　战国虎形金饰件　西安博物院藏

图 13　战国秦虎豕搏斗纹带扣　内蒙古博物院藏

图 14　霍去病墓石虎

图 15　西汉错金虎节　西汉南越王博物馆藏

图 16　战国虎噬羊带扣　固原博物馆藏

图 17　战国虎形银饰件　陕西历史博物馆藏

图 18　战国虎噬驴带扣　固原博物馆藏

图 19　阿尔泰虎纹木棺　艾尔米塔什博物馆藏

20．比较：伊朗－阿富汗系错银铜斧 [图20]，年代在公元前2000年，不列颠博物馆藏。斧身浮雕：老虎扑山羊，野猪扑老虎，老虎扭头看野猪。

21．比较：萨珊虎纹卵形银碗 [图21]，大都会博物馆藏。帕提亚和萨珊时期的金银器上多有这种虎纹。

图 20　伊朗－阿富汗系错银铜斧　不列颠博物馆藏

图 21　萨珊虎纹卵形银碗　大都会博物馆藏

虎纹的演变

上述虎纹，可分三型，A型状如叶尖反扭的柳叶，略呈S形；B型由双叶组合，一叶呈C形，一叶呈S形，合在一起，好像中间起尖的S形或F形；C型状如飞鸟或数字3。

A型纹流行于春秋战国和秦汉时期，如上文所举春秋多戈戟、虎形饰件，战国虎纹玉佩、虎食鹿器座、虎豕搏斗纹带扣都是这种纹饰。这种虎纹流行于整个汉代，例子不胜枚举。内蒙古博物院藏乌兰察布市四子王旗出土的鲜卑狩猎纹木棺上的老虎也用这种纹饰。

B型纹流行于两周时期，如上述西周虎尊、西周虎形饰件、春秋虎纹玉佩、战国虎形金饰件都属于这种纹饰。但秦汉时期，B型纹不再流行，只有A型纹继续流行。

C型纹流行于商代、西周，不一定是专门用于虎，但春秋时期确有这种虎纹，如宁县石家和宇村所出虎形饰件就是采用这种纹饰。

过去我曾认为，B型纹早于A型纹，A型纹是B型纹的拆分，现在看来不一定对。第一，商代虎纹石磬的虎纹似可视为钩连单叶纹。第二，A型纹与B型纹有共存关系。

有趣的是，容庚《金文编》(北京：中华书局，1985年) 1076–1077页：194有图形化的六个虎字，都是属于西周铜器，前四例子是A型纹与B型纹共存于同一虎身，后两个例子是C型纹，正好是这三种纹饰。

北方系青铜器，虎纹有多种，既有上述A型纹，如西吉新营乡所出，也有平行折角纹和平行波浪纹等。如纳林高兔出土的虎形银饰件就是采用平行波浪纹。而杨郎墓地所出更为特殊。这种虎纹也见于巴泽雷克木棺，可资比较。

另外，有趣的是，上述A型虎纹也见于不列颠博物馆藏伊朗系器物伊朗–阿富汗系错银铜斧，年代断在公元前2000年，帕提亚时期和萨珊时期也有这类虎纹。

兔年说兔

兔在十二生肖中的位置

十二生肖，以兔配卯，放马滩秦简《日书》甲种、睡虎地秦简《日书》甲种、孔家坡汉简《日书》同。[1]

三十六禽，兔与猬（刺猬）、貉（狗獾）相配，三者皆活动于草丛。放马滩秦简《日书》乙种讲钟律配兽，其中有兔，[2]未见猬、貉。

我养过兔子

三年困难时期，我爸在楼下开了片地，种菜种庄稼，家里摆满了瓶瓶罐罐，全是用来养小球藻。我养过兔子，玄狐兔，养在我家阳台上。

兔子非常好养。它们喜欢吃菜，还有红薯秧子，拉出的小粪球，一股草腥味。我拿蜻蜓喂它，它也吃。

兔大当婚。我把门厅通往各屋的门关上，看两只兔子你追我跑，好像恋爱片中的男追女跑。"雄兔脚扑朔，雌兔眼迷离；双兔傍地走，安能辨我是雄雌。"我对《木兰诗》突然有了一种新的体会。

很快，它们就下了一窝兔崽子。

我吃过兔子肉，一股草腥味，不怎么好吃。杀兔，据说要抓住后腿，倒提兔子，让它大头朝下，露出耳根，猛击脑后。然而，我

---

〔1〕《天水放马滩秦简》，84页：简33；《睡虎地秦墓竹简》，219页：简72背；《随州孔家坡汉墓简牍》，175页：简370。

〔2〕《天水放马滩秦简》，97页：简215。

用烧火的通条连击数下，它却蹬踹不已。自己杀兔太恐怖，兔子的味道好不了，难怪梁惠王说"吾不忍其觳觫"，孟子说"君子远庖厨"（《孟子·梁惠王上》）。

我还卖过兔子皮，收购点在今中关村科贸大厦附近。那块儿的房子早就拆了，先头有个饭馆，后来盖了高楼大厦。一张兔子皮，只有几毛钱，在我看来，却是不小的财富。

那时的我们，心思全在肚子，不知何物叫"宠物"。

兔子与老鼠有点像

兔子与老鼠，长得有点像，它们都有三瓣嘴（唇裂），都有大板牙，生命力和繁殖力都很惊人。过去曾被归为一类。

其实，兔子属兔形目（Lagomorpha），老鼠属啮齿目（Rodentia），仍有区别。

老鼠的上下颌各有一对门牙，兔子除这两对门牙，上门牙后还有一对小牙。

老鼠耳朵短，尾巴长。兔子耳朵长，尾巴短。

兔子走路，蹦蹦跳跳。老鼠走路，刺溜刺溜。

小时候，过年放烟火，有老头呲花，有老鼠屎。后者，一点火，满地乱窜，就是模仿老鼠。

兔形目分两个亚科，兔科和鼠兔科。兔科包括家兔和野兔。野兔生活在野外，家兔是人工喂养。鼠兔，既像鼠，又像兔，生活在西北高寒之地，从照片看，好像挺可爱。

古人对鼠、兔的分类

《尔雅·释兽》的兽是哺乳动物的总名，有别于虫、鱼、鸟。兽不包括家畜，六畜是另一类。兽分四属，寓、鼠、齸（音yì）、须，其实主要是两大类，寓属和鼠属。齸指动物的咀嚼方式，如牛、羊、鹿长四个胃，可以反刍。鸟有嗉子，猴有颊囊，也有类似功能。须指人和动物的休息方式，如抻胳膊踹腿、呼哧喘气、伸懒腰、打哈欠之类，并非为兽分类。

寓属的寓字，本义是居住或居住之所。这一类是个什么类，旧说有点莫名其妙。释文的解释是"言此上兽属多寄寓木上"。我想，这是既把寓读作禺（禺是猕猴），又当寄寓讲。但猕猴概括不了这一类。猴子住在树上，但麋、鹿、虎、狼怎么会住在树上？我理解，寓属是鼠属以外的一大类。鼠属既然是"穴虫之总名也"（《说文解字·鼠部》），住在地下，以此反推，寓属自然住在地上。

《尔雅》把兔类列在寓属，鼠类列在鼠属。

《说文解字》卷十上有㲋（音chuò）、兔两部，皆与兔类有关。许慎说，㲋"似兔，青色而大"，似是一种体型较大的野兔，小篆写法，头与兔字的上半同，足与鹿字的下半同，象侧视的兔；兔"象踞后其尾形"，小篆写法，似是表现蹲兔。[1]

鸟鼠同穴

俗话说，"蛇鼠一窝"，意思是坏蛋扎堆儿，往一块儿凑。这话

---

[1] 郭郛认为，㲋是鼠兔（*Ochotonidae*），但鼠兔比兔小，与许慎的解释不符。参看郭郛等《中国古代动物学史》，北京：科学出版社，1999年，73页。

有毛病。蛇、鼠要真住一块儿，鼠早就被蛇吃了。老鼠碰见冬眠的蛇，也会吃蛇。

不过，自然界倒是有一种非常奇特的现象，叫"鸟鼠同穴"，古人早就注意到。很多到西北考察的中外科学家也证实，鼠打洞，鸟放哨，鸟鼠同穴，确有此事。[1]

《书·禹贡》："导渭自鸟鼠同穴。"渭水出鸟鼠同穴山，山在甘肃渭源县，即以鸟鼠同穴而名。

《尔雅·释鸟》："鸟鼠同穴，其鸟为鵌（音tú），其鼠曰鼵（音tū）。"

鸟鼠同穴的鸟是什么鸟？鼠是什么鼠？长期有争论。学者发现，鵌是雪雀一类小鸟，鼵是鼠兔或黄鼠。[2]

鼠兔属于兔形目，跟兔子是一类。黄鼠属于啮齿目，跟松鼠是一类。

野兔与家兔

中国的野兔（*Lepus capensis*）也叫草兔。汉代，上林苑就养兔子；梁孝王作梁园，也养过兔子，故梁园也叫兔园。但中国的家兔（*Oryctolagus cuniculus domestica*）并非从中国的野兔驯化，而是从欧洲传入的穴兔（*Oryctolagus cuniculus*）驯化而成。

家兔的祖先是穴兔，穴兔最初分布在法国和伊比利亚半岛，后来摩洛哥、阿尔及利亚等地也有。

穴兔被驯化，可能比较晚，大概要到公元6世纪左右。12世

〔1〕郭郛等《中国古代动物学史》，99、183—187页。
〔2〕同上。

纪，家兔由诺曼人传入英国。1859年，英国人把兔子带到澳大利亚，造成兔灾。

兔子善于逃跑

《说文解字》与㲋、兔有关的字，多与狡兔和善于逃跑有关。如逃逸的逸字，许慎的解释是："失也。从辵兔。兔谩訑（音mán tuó）善逃也。"谩訑是欺诈的意思。

兔子太小，谁都打不过，上要防鹰，下要防犬，东张西望，随时准备逃跑。它两眼长在脸的侧面，不用扭头，视野足以覆盖360度。跑起来，不但速度快，耐力好，每小时56公里，而且拐着弯跑，善于兜圈子，不断急转弯。

《孙子·九地》："是故始如处女，敌人开户；后如脱兔，敌不及拒。"

我的书斋叫待兔轩

《韩非子·五蠹》有个故事：

> 宋人有耕田者，田中有株，兔走，触株折颈而死，因释其耒而守株，冀复得兔，兔不可复得，而身为宋国笑。今欲以先王之政，治当世之民，皆守株之类也。

兔子会撞在树上吗？我一直不信。
然而，有一天我终于信了。

1981年10月7日—12月10日，我在陕西宝鸡县西高泉村参加过一次发掘，我们挖一座大墓，土堆得像座小山，有人骑着摩托打兔子，秋天的旷野，无遮无拦，兔子被追，慌不择路，不知"小山"顶上有陷阱，一头扎下，正好落在人的怀里。

我的书斋叫待兔轩，斋号就来自于此。

我把这事写进了《何枝可依》的序言。

蟾宫和玉兔

中国有嫦娥奔月的故事。嫦娥，本名姮（音héng）娥，汉避文帝讳，改嫦娥，也作常仪。

嫦娥为后羿妻，偷吃灵药而独自奔月（《淮南子·览冥》）。她得到了天空，却失去了土地。

嫦娥住的地方叫广寒宫。苏东坡说"我欲乘风归去，又恐琼楼玉宇，高处不胜寒。起舞弄清影，何似在人间"（《水调歌头》）。这座宫殿，光听名字，就冷冷清清。

广寒宫里，除了嫦娥，还有蟾蜍、玉兔。后来，又加了桂树和吴刚。玉兔捣药，那药据说叫蛤蟆丸。北京隆福寺有家电影院，叫蟾宫电影院，小时候，我常去，后来改名，叫长虹电影院。蟾宫这名挺好，黑暗中看电影，真跟地上看月亮一样。

马王堆一号墓、三号墓和金雀山九号墓都出土过T形帛画。帛画上绘有日月，日中有金乌，月中有蟾蜍和玉兔。其后出现的汉代壁画墓和画像石墓沿袭了这一绘画传统。

日有金乌，见《易·明夷》。《明夷》是讲金乌西落。

月有蟾蜍和玉兔，见汉诗《董逃行》。诗中有"玉兔长跪捣药虾蟆丸"句。

月有桂树和吴刚，见唐《酉阳杂俎·天咫》。段成式说："旧言月中有桂，有蟾蜍，故异书言月桂高五百丈，下有一人常斫之，树创随合。人姓吴名刚，西河人，学仙有过，谪令伐树。"吴刚是月亮上唯一的男人。他像希腊神话中的西西弗斯，服不完的苦役，干不完的活。

嫦娥是月亮上唯一的女人。她服药飞升，弃老公如脱敝屣，彻底自由。彻底自由的意思是彻底寂寞。

李商隐有诗，"嫦娥应悔偷灵药，碧海青天夜夜心"（《嫦娥》）。

兔爷和中秋节

明清时期，北京民俗，中秋祭月，要祭兔爷。月属阴，男人不祭女人祭，后来成为小孩的玩具。

兔爷，据说与《封神演义》中的长耳定光仙有关。形象受戏剧影响，金盔金甲，背插小旗，骑在老虎背上。

十二生肖，虎、兔为邻，兔当卯位，卯对酉，酉是中秋。

每当中秋啃月饼，就会想起兔爷。

兔子变成骂人话

兔子有个特点，耳朵长，尾巴短。俗话说，兔子的尾巴长不了。

北京话，兔崽子是骂人话。北京人骂人，有时为了加强语气，前面还加三个字，叫胡萝卜兔崽子。

儿歌："小白兔，白又白，两只耳朵竖起来，爱吃萝卜爱吃菜，蹦蹦跳跳真可爱。"大家都以为，兔子最爱吃胡萝卜，但动物学家说，不对。

其实，兔子最爱吃什么，并不是胡萝卜。兔子吃胡萝卜，就跟我们吃高糖高脂高蛋白一样，不能常吃，常吃就会"三高"。兔子最爱吃的东西是它自己拉出来的"盲肠便"，据说随拉随吃，兔子排便分干湿两种，干粪是小粪球，湿便饱含有益菌和维生素，有助消化吸收。近两年，益生菌酸奶益生菌药，忽然大行其道，想不到兔子都懂。我虽养过兔子，却不知道还有这等怪事。

俗话说，狗改不了吃屎，其实那是兔子，改成兔子才对。

出土文物中的兔

出土文物中的兔，有三件兔尊，比较漂亮。

1．西周兔尊［图1］，北京保利艺术博物馆藏。兔子背上还有一个小兔子。

2．西周兔尊［图2］，山西侯马晋侯墓地64号墓出土，晋国古都博物馆藏。

3．西周兔尊［图3］，山西侯马晋侯墓地8号墓出土，晋国古都博物馆藏。

图1 西周兔尊 北京保利艺术博物馆藏

图 2　西周兔尊　晋国古都博物馆藏

图 3　西周兔尊　晋国古都博物馆藏

龙年说龙

龙在十二生肖中的位置

天有四象，苍龙、朱雀、白虎、玄武。古有四灵，龙、凤、龟、麟。其中都有龙。

十二生肖，今以辰配龙。放马滩秦简《日书》甲种以辰配虫。[1] 睡虎地秦简《日书》甲种辰位配兽缺，疑漏抄。[2] 孔家坡汉简《日书》辰位配兽，释文作"蟲"，但从照片看，应为两字，上字是虫，下字从虫，或许是"虫蛇"二字。[3]

三十六禽，龙与蛟、鱼相配，三者皆水虫。放马滩秦简《日书》乙种讲钟律配兽，其中有龙，[4] 有王蟲，[5] 未见蛟、鱼。

龙是想象的动物

龙是瑞兽，几千年来，一直是中国的政治-文化符号。《易经》首卦，以乾为天，龙是代表天。《说文解字·龙部》："龙，鳞虫之长，能幽能明，能细能巨，能短能长。春分而登天，秋分而潜渊。"登天是兴云致雨，潜渊是蛰伏水中。龙是水虫之长，普降甘霖，离不开龙。

龙既然代表天，天子当然就是龙子。中国皇帝，一向以龙子自

〔1〕《天水放马滩秦简》，84页：简34。
〔2〕《睡虎地秦墓竹简》，219页：简73背。
〔3〕《随州孔家坡汉墓简牍》，175页：简371。
〔4〕《天水放马滩秦简》，98页：简218。
〔5〕同上书，简230。

居，俗称真龙天子。如中国的第一个皇帝，秦始皇，人称祖龙，就是以龙为天子之象。刘邦是平民皇帝，没有贵族出身，怎么办？只好编个瞎话，假托刘累御龙的神话，说他妈刘媪（他是跟他妈的姓）被蛟龙上身，才有了他。

瑞兽多是想象的动物。想象的动物都是借助想象，把不同的动物拼在一块儿，越是不同类，越要往一块儿凑。比如飞禽加走兽，头上不长角，非要插上角，肩上无翅膀，非要插翅膀。中外艺术都有这类想象的动物（如西方的斯芬克斯、拉马苏、翼狮、格里芬、独角兽等）。

中国龙，晚期形象，可举颐和园仁寿殿前的铜龙为例 [图1]。古人说，龙身三曲，分为三段，模仿九种动物，综合了多种动物的特点。[1] 但想象总要有所参照吧，细心观察，我们还是不难发现，这类复合形象仍然参照了某些现实的动物。想象之中仍有真实。

龙是模仿什么

龙的参照物，主体是什么？众说纷纭，当以爬行动物为是。中国人常把蜥蜴或类似蜥蜴的动物叫龙，现代译语仍然保留着这种习惯。如鳄鱼，古语叫蛟龙、鼍龙；[2] 蜥蜴，今语叫石龙子、变色龙。[3] 三十六禽，龙与蛟、鱼相配，也可说明，龙是水虫。

说起龙，我们会想起恐龙（Dinosauria）。或说古人可能见到过恐龙的化石，因而创造出龙的形象，[4] 此说无法证实。

〔1〕《尔雅翼》卷二八："王符称世俗画龙之状，马首蛇尾。又有三停九似之说，谓自首至膊，膊至腰，腰至尾，皆相停也。九似者，角似鹿，头似驼，眼似鬼，项似蛇，腹似蜃，鳞似鱼，爪似鹰，掌似虎，耳似牛。"
〔2〕蛟龙见战国以来的古书，鼍龙见宋以来的古书。
〔3〕石龙子是石龙子科（Scincidae）的蜥蜴，变色龙是避役科（Chamaeleonidae）的蜥蜴。
〔4〕于省吾主编《甲骨文字诂林》，北京：中华书局，1996年，第二册，1758页引叶玉森说。

图 1　颐和园仁寿殿前的铜龙

恐龙称霸中生代（2.51亿年前至6600万年前），现在只有化石。这种巨无霸，现在叫恐龙，是日本人按汉语习惯翻译，西语原义只是"恐怖的蜥蜴"。

恐龙灭绝后，有四种爬行动物保留至今，一曰鳄鱼，二曰蜥蜴，三曰蛇，四曰龟鳖，它们才是合适的备选者。

四种爬行动物

爬行动物，卵生、变温，要靠晒太阳积蓄能量，有许多共同点。

鳄鱼，现代鳄鱼有23种，目前发现，体型最大，要数2011年在菲律宾布纳万村（Bunawan）捕获的洛龙（Lolong）。这条鳄鱼属湾鳄，长6.17米。

恐龙时代就有鳄鱼。出土恐鳄（*Deinosuchus*）化石，推测长度为10米（也有人说只有8米），比所有现代鳄鱼都长。出土帝鳄

（*Sarcosuchus imperator*）化石更长，推测长度为11.65米。

中国的鳄鱼，古代有三种。扬子鳄（*Alligator sinensis*）分布在黄河流域和长江流域，马来鳄（*Tomistoma schlegelii*）分布在珠江流域，湾鳄（*Crocodilus porosus*）分布在台湾岛和海南岛。[1]扬子鳄属短吻鳄（也叫中国短吻鳄），[2]只有一二米长。马来鳄属长吻鳄（也叫马来长吻鳄），样子有点像恒河鳄（*Gavialis gangeticus*），也有狭长的吻部，[3]但没有球状鼻头，身上有黑色斑纹和条纹，长约三四米。湾鳄主要生活在近海的河口，既可在淡水水域活动，也可游到海里，故称河口鳄或咸水鳄，其长四五米，最长可达六米多。现在，长江流域还有扬子鳄，其他两种，中国境内已看不到。

古语所谓鳄，本指马来鳄或湾鳄类的大鳄，鳄可能与惊愕之义有关，样子很吓人。扬子鳄只是普通的鳄，古人叫鼍，字亦作蛇。鼍从单声，蛇从它声，乃元月二部对转字，属于通假字。鳄在水中，身如蛇形，有鳞似鱼，这或许就是它以蛇为名的缘故。[4]

鳄鱼跟龙关系最大。《尔雅翼》卷三十说，鳄"似龙而无角，类蛇而有足"。"似龙"是说类似艺术表现的龙。古书所谓龙，有角曰虬（或相反），无角曰螭。[5]鳄鱼没有角，有角属于艺术夸张。但湾鳄耳后有两条隆起的骨头，形如双角。所谓龙角，也可能是模仿湾鳄头上的这种骨状凸起。

蜥蜴，古人把野外的蜥蜴叫蜥蜴，室内的蜥蜴叫守宫（俗称壁虎）。蜥蜴比较小，但巨蜥比较大。中国南方有一种水巨蜥（*Varanus salvator*），俗称五爪金龙，体长可达三米，仅次于印尼的科

---

[1] 郭郛等《中国古代动物学史》，北京：科学出版社，1999年，360、523页。

[2] 美国也有短吻鳄，比扬子鳄大。

[3] 这种鳄鱼的头骨有点类似出土的帝鳄化石。

[4] 鳄字见《广韵》，韩愈《鳄鱼文》作鱷，大概是唐以来的写法。《说文解字·虫部》的蜥字指马来鳄或湾鳄，《说文解字·黾部》的鼍字指扬子鳄，鳄字通行于唐以来。

[5]《说文解字·虫部》有三个字与龙有关，一是蛟，二是螭，三是虬。

莫多龙（*Varanus komodoensis*）。古人常以蜥蜴比鳄鱼，把鳄鱼看作大号的蜥蜴，西人亦如此。[1] 今人把蜥蜴叫四脚蛇，蛇是无脚的蜥蜴。

蛇，在爬行类中最年轻，肛门两侧还有四肢退化的痕迹，俗称小龙，但巨蟒体长可达六七米，已经不是小龙。蛇也是龙的参照物。古人常以龙、蛇并称。

龟鳖，一般比较小，但也有体型巨大长一米以上者，如古语所谓鼋、鼍就是个头很大的龟鳖。[2] 这种动物，骨在肉外，进化成甲壳，跟前三种相比，形象差别较大。古代分类，鳄鱼、蜥蜴、蛇属鳞虫，龟鳖属介虫。古人说，龙为鳞虫之长，主要跟前三种有关。但《淮南子·墜形》说"介潭生先龙，先龙生玄鼋，玄鼋生灵龟，灵龟生庶龟"，还是把龟鳖说成龙的子孙。宋以来，石碑的龟趺往往是龙首龟，据说就是龙生九子之一的赑屃。故宫太和殿前也有龙首龟。古人常以龟、蛇并称。玄武就是龟、蛇的结合。

鳄鱼、蜥蜴有爪，龟鳖亦有爪，唯独蛇无爪。古之所谓龙，身躯、花纹可以模仿蛇，但头、角、鳞、爪是模仿鳄鱼。鳄鱼有一张恐怖的脸。

文物中的鳄鱼形象

中国古代，蛇是常见动物，鳄鱼也比较多。

古有畜龙传说，历虞、夏、商、周而不衰（见《左传》昭公二十九年、《国语》的《晋语八》《郑语》）。所谓畜龙，也叫豢龙、扰龙、御龙，都指养鳄鱼。养鳄鱼，一可食用，二可利用它的皮。

---

[1] 西人以alligator指短吻鳄，以crocodile指其他鳄。这两个词的本义都是蜥蜴。
[2]《说文解字·黽部》："鼋，大鳖也。"《说文新附·黽部》："鼍，海大鳖也。"鼋是大鳖类动物的总称，包括现代的鼋（*Pelochelys cantorii*）和斑鳖（*Rafetus swinhoei*），鼍是大海龟。

鳄鱼皮，今多用来做箱包，我国古代则用它蒙鼓。如魏邵戠钟，铭文讲鼓乐之陈，有所谓"玉镯鼍鼓"，"玉镯"是玉磬，"鼍鼓"是鳄鱼皮的鼓。[1] 王因、陶寺、石峁等遗址都发现过鳄鱼骨板，[2] 原来就与蒙鼓有关。日本泉屋博古馆藏商代铜鼓，鼓面即仿鳄鱼皮。[3]

良渚陶器有鳄鱼刻纹 [图2]，[4] 两个大眼泡，一双小眼睛，作俯视状，大嘴张开，露出尖牙利齿，作侧视状，身体饰平行纹，像鳄鱼鳞甲作平行排列，大腹便便，腹下有矮足，卷尾。

妇好墓出土过一把玉刻刀 [图3]，[5] 刻刀上的动物，长尾，用凹陷的小坑表示鳞，竖行排列。展览图录说，此器动物是模仿穿山甲（Mani，古代叫鲮鲤），恐怕不对。穿山甲是尖嘴，鳞像鱼鳞，不是平行排列。我看，此器动物是模仿鳄鱼。

天津博物馆有一件鳄鱼形玉饰 [图4]，[6] 展览图录说，此器动物是模仿蜥蜴，恐怕也不对。蜥蜴身体细长，此物却大腹便便。我看，此器动物也是模仿鳄鱼。[7]

〔1〕中国社会科学院考古研究所编《殷周金文集成》（修订增补本），北京：中华书局，2007年，第一册，270—280页；00225—00137。
〔2〕王因出土鳄鱼骨板，见中国社会科学院考古研究所编著《山东王因——新石器时代遗址发掘报告》，北京：科学出版社，2000年，288页，图二三五；20。陶寺出土鳄鱼骨板，见中国社会科学院考古研究所山西工作队等《1978—1980年山西襄汾陶寺墓地发掘简报》，《考古》1983年1期，30—42页。石峁遗址出土鳄鱼骨板，见陕西省考古研究院等《陕西神木县石峁遗址后阳湾、呼家洼地点试掘简报》，《考古》2015年5期，60—71页。
〔3〕泉屋博古馆编《泉屋博古》，日本：便利堂，2014年，118—119页，图版142。
〔4〕张炳火主编《良渚文化刻画符号》，上海：上海人民出版社，2015年，46—47页。刻有鳄鱼图像的器物，是葡萄畈出土的宽把陶杯，据刘斌《杭州市余杭区良渚古城遗址2006—2007年的发掘》（《考古》2008年第7期，3—10页）一文，葡萄畈是良渚文化晚期遗址。
〔5〕中国社会科学院考古研究所等编《王后·母亲·女将：纪念殷墟妇好墓考古发掘四十周年》，北京：科学出版社，2015年，169页。
〔6〕天津博物馆《天津博物馆藏玉》，北京：文物出版社，2012年，48—49页。
〔7〕中国国家博物馆藏类似商代玉器，见"证古泽今——甲骨文文化展"（2019年10月22日开幕）。

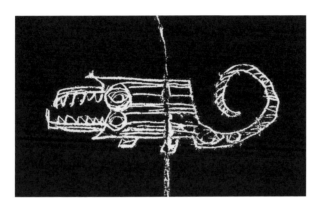

图 2 良渚陶器上的鳄鱼刻纹 良渚博物院藏

图 3 商代鳄鱼玉刻刀 中国社会科学院考古研究所藏

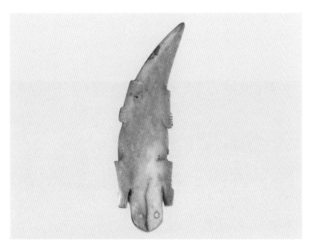

图 4　商代鳄鱼形玉饰　天津博物馆藏

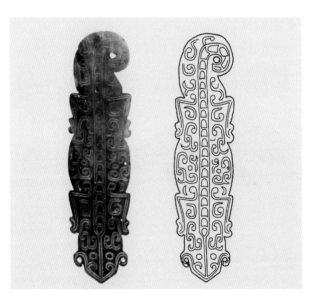

图 5　桐柏月河春秋墓地 M1 出土鳄鱼形玉佩

图6　三国青瓷鳄鱼　湖北省博物馆藏

河南桐柏月河春秋墓地M1出土一件所谓龙形玉饰〔图5〕，[1]该器"是用正面俯视角度刻划一屈肢俯卧的如大蜥般的龙形动物"，双眼后的花纹当是表现双角，脊背两侧的花纹当是表现鳞片。我看，此物也是模仿鳄鱼。[2]

湖北省博物馆有一件青瓷鳄鱼〔图6〕，[3]也用凹陷的小坑表示鳞，竖行排列，跟妇好墓的那件刻刀是同样手法。[4]

汉字中的龙字

龙是中国本土的想象动物，文字本身就是证明。

汉字中的龙字是个象形字，既象鳄，又象蛇，头角峥嵘，张血

〔1〕河南博物院编著《中原古代文明之光》，北京：科学出版社，2011年，179页。
〔2〕这种玉刻刀还有章乃器藏器和安阳王峪口所出，参看李零《妇好墓"龙纽石器盖"、九沟西周墓"龙纽玉印"及其他》，《中国国家博物馆馆刊》2019年6期，71—82页。
〔3〕据湖北省博物馆提供的信息，这件青瓷鳄鱼是出土于湖北省鄂州市司徒村郭家细湾滨湖东路M15。
〔4〕类似器物还有湖北黄陂滠口区刘集乡丁店蔡塘角所出，武汉市博物馆藏。参看武汉市博物馆《武汉黄陂滠口古墓清理简报》，《文物》1991年6期，48—54转96页。

盆大口，龇牙咧嘴，扭动身躯，长尾左右摆。

商代甲骨文的龙字，皆头上尾下，作竖置状。龙角多作棒槌角，口中有牙。

商代西周金文，龙角讹变成"辛"，口齿讹变成"月"。

东周金文，龙头与身、尾分离。

战国文字，变左右结构，头在左，身尾在右。头作上"辛"下"月"，尾加三撇，表现龙鬣。

秦汉文字，左半变上"立"下"月"。

龙作"竜"，象鳄鱼大腹便便。宋以来，传世古文有这种写法，[1] 日文也有这种写法。现在看来，这种写法，战国就有。简化字龙，只取龍字的右半，加以草书化。

出土文物

商周以来，龙被广泛用于器物装饰，特别是铜器和玉器。龙蛇类的动物，特点是能屈能伸，其造型可以适应各种器形。商周铜器，器腹、器耳、器座多用爬龙或卧龙为装饰，属于舒身龙，盘类器物和C形玉饰多用卷尾龙。

1. 蚌壳摆塑的"龙虎图"[图7]，[2] 河南濮阳西水坡遗址M45出土，所谓龙，是侧视效果的舒身龙，头上长角，长吻大嘴，四足有爪，长尾几与身等，近似鳄鱼。

2. 彩绘蟠龙纹陶盘[图8]，[3] 山西襄汾陶寺遗址出土，蟠龙纹在器底，一头双身，头上有角，口吐信子，头外尾内，花纹酷似环蛇

〔1〕徐在国编《传抄古文字编》，北京：线装书局，2006年，下册，1167-1168页。
〔2〕濮阳市文物管理委员会等《河南濮阳西水坡遗址发掘简报》，《文物》1998年3期，1-6页。
〔3〕《1978-1980年山西襄汾陶寺墓地发掘简报》。图见图版肆，1。

图7　濮阳西水坡龙虎图

图8　陶寺彩绘蟠龙纹陶盘　中国社会科学院考古研究所藏

属（Bungarus）的毒蛇。商周时期的龙纹盘仍延续这一风格，但龙头如果太大，则头内尾外。

　　3．绿松石镶嵌的龙形器 [图9]，[1] 河南偃师二里头遗址出土，器形为俯视效果的舒身龙，方头长尾，无足爪，近似蛇。

　　4．商代龙首觥 [图10]，[2] 山西石楼桃花者村商墓出土，器形纹饰以龙为主，并有鳄鱼纹。

　　5．西周龙首觥 [图11]，[3] 河南信阳浉河港出土。

　　6．西周铜爬龙 [图12-1]，[4] 陕西扶风海家村出土，个头很大，

〔1〕中国社会科学院考古研究所二里头工作队《河南偃师市二里头遗址中心区的考古新发现》，《考古》2005年7期，15—20页。

〔2〕谢青山、杨绍舜《山西吕梁县石楼镇又发现铜器》，《文物》1960年7期，51—52页。案：桃花庄，今名桃花者村，在县城东南。

〔3〕信阳地区文管会等《河南信阳县浉河港出土西周早期铜器群》，《考古》1989年1期，10—19页。

〔4〕高西省《扶风巨良海家出土大型爬龙等青铜器》，《文物》1994年2期，92—96转91页。

图9　二里头绿松石龙形器　中国社会科学院考古研究所藏

头上有棒槌角，背上有像龙鬣的扉棱，除有四肢，与商代甲骨文的龙字简直一模一样。

7. 曾侯乙墓漆箱盖[图13]，[1] 以北斗居中，二十八宿环绕，左青龙，右白虎。

商周卷尾龙，来源很古老。

C形玉器，以龙为饰，新石器时代就有。如红山玉龙分两种，一种是所谓玉勾龙，器身有单孔，器形较大；一种是所谓玉猪龙，器身有单孔（偶尔有双孔），器形较小。类似的玉龙，南方也有，一般无孔。这种玉龙一般没有足爪。商周以来的C形玉龙，一般也没有足爪，特点是龙头有棒槌角。

商周时期的龙，有爪龙，多为卧龙或爬龙，与器形有关；无爪龙，多为卷尾龙，作螺旋形，也与器形有关。我理解，无爪龙作C形或螺旋形，只是为了顺应器形，并非模仿赢虫。

〔1〕湖北省博物馆编《曾侯乙墓》，文物出版社，1989年，上册，354页。

图 10　商代龙首觥　山西博物院藏

图 11　西周龙首觥　河南博物院藏

图 12-1 西周铜爬龙 宝鸡青铜器博物院藏

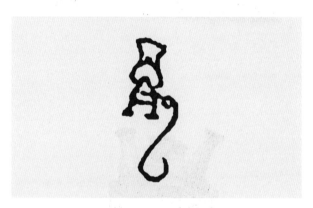

图 12-2 商代甲骨文中的龙字

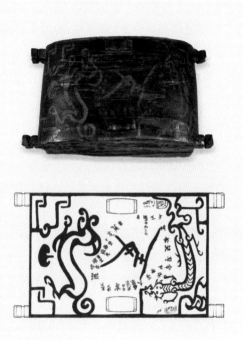

图13　曾侯乙墓漆箱盖　湖北省博物馆藏

商周龙纹的基本特征

商周时期，龙纹分很多种，其中使用最多的纹饰单元，是一个菱形加四个三角形，如上引器物的龙纹，其身尾花纹就多半采用这种花纹。这种花纹最像蟒蛇的花纹。我们不难发现，商代铜器上的蛇正是用这种花纹表现。

其次，身体细长的龙还常常用一种形如飞鸟的花纹（类似数字3）作身尾花纹，有时单独使用，有时作前一种龙纹的花边。

此外，商周龙纹或有扉棱，扉棱多以T形缺口或T形阴线为饰（有时在两个T形饰之间还夹一个I形饰），如海家村铜爬龙的龙鳍就是用这种扉棱表示。这种扉棱装饰，有时也被图案化，用作第一种纹饰的外缘，如弗利尔龙纹盘的龙身和龙尾。

饕餮纹是商周龙纹的面部特写

中国纹饰，有两种动物纹最有传统，一种是龙纹，一种是凤纹。

中国青铜时代，有两种动物纹最重要，一种是饕餮纹，一种是凤鸟纹。

饕餮纹最早出现于何时，学界也有争论。有人把良渚、龙山和石家河的眼睛纹和人面纹说成饕餮的前身，把问题追到新石器时代，[1] 也有人把二里岗时期的兽面纹当作饕餮纹的源头，[2] 但毫无疑问，商周时期才是这种纹饰的鼎盛期。

饕餮是一种贪吃的猛兽，常被用来形容人的贪吃、贪婪。[3]《吕氏春秋·先识》："周鼎著饕餮，有首无身，食人未咽，害及其身，以言报更也。"这话讲得很清楚：第一，这种怪兽常被用来装饰青铜器（如鼎）；第二，它很贪吃，连人都吃，是一种食人怪兽；第三，饕餮纹是一种特写，只突出脸的部分，省略其他。

世界各国，怪兽吃人，艺术常见。但商周饕餮纹，并不直接表现吃人，只是表现一张恐怖的脸。李泽厚称为"狞厉的美"。[4] 这张

〔1〕林巳奈夫《神与兽的纹样学——中国古代诸神》，常耀华等译，北京：生活·读书·新知 三联书店，2009年，53—123页。

〔2〕Robert W. Bagley, *Shang Ritual Bronzes in the Arthur M. Sackler Collections*, Cambridge: Harvard University Press, 1987, pp. 19–22.

〔3〕鳄鱼正是这样一种什么都吃，甚至连人都吃的怪兽。我怀疑，"饕餮"二字也许是鼍字的缓读。

〔4〕李泽厚《美的历程》（修订插图本），天津：天津社会科学出版社，2001年（第一版刊于1981年），第二章：青铜饕餮——狞厉的美（47—64页）。

恐怖的脸，头上长角，似人非人，似牛非牛，似羊非羊，让人无所适从。出土文物中的动物形象，凡是说不清道不明者，多统称为兽，故饕餮纹也叫兽面纹。

兽面纹只是一种逃避争论的说法。

龙纹和饕餮纹的后续发展

战国以来，汉地与北方草原在艺术上存在广泛交流，不可避免地受到欧亚草原甚至近东艺术的影响，但毫无疑问，我们的龙还是我们的龙，并非自外输入。例如大云山汉墓出土过一件鎏金镶玉玛瑙带扣［图14］，[1] 就是一件模仿草原带扣，把汉地风格和草原风格杂糅在一起的精美艺术品。带扣中间是一条大龙，鎏金的边框是两条小龙，这是汉地因素，但同时它又以若干钩喙的鹰头附于龙身和边框，则是草原饰牌常见的风格。外来因素只是这些小鹰头（草原格里芬）。

汉以来的龙纹，往往作侧视的走龙，如陕西历史博物馆藏唐代鎏金铁芯铜龙［图15］和杭州西湖出土五代吴越国投龙［图16］，有时还会加翅膀（古人叫应龙），乍看与辟邪有点像（辟邪是狮子的变形），特点是脸变长、身变细，弯弯曲曲，盘绕程度高，出现王符"三停"说的基本特征。这种龙纹与商代西周的侧视龙纹确实有一定区别，跟早期饕餮纹差距更大。但万变不离其宗，我们从各种迹象看，它们还是表现同一种想象的动物。

饕餮纹的遗产是后世的兽面纹，如铺首衔环和兽面瓦当。

---

〔1〕南京博物院《长毋相忘：读盱眙大云山江都王陵》，南京：凤凰出版传媒有限公司、译林出版社，2013年，429页。

图 14　大云山汉墓出土鎏金镶玉玛瑙带扣　南京博物院藏

图 15　唐代鎏金铁芯铜龙　陕西历史博物馆藏

图 16-1　五代吴越国投龙　浙江省博物馆藏

图 16-2　五代吴越国投龙　浙江省博物馆藏

龙跟水旱风雨有关

龙居水中，跟水旱风雨关系最密切。求雨，对农业民族最重要。中国到处都有龙王庙。

古人描写龙，不是跟江河湖海有关，就是跟兴云致雨有关。中国人祈雨，旧有焚巫尪、作土龙的习俗，不但见于商汤求雨的故事，也见于殷墟卜辞。[1]

今世舞龙就是源于中国古代的求雨仪式（见《春秋繁露·求雨》），古人叫舞雩。它和舞狮不一样。中国没有狮子，狮子是从西域传入，舞狮本来是用于佛教仪式。

鳄鱼对水旱风雨最敏感。雨季，鳄鱼潜伏水中，时而出来晒太阳。它浑身的鳞片是天生的太阳能光板。旱季，它会在岸边刨洞，浑身裹上湿泥，躲在洞里睡觉，等待下一次雨季来临。温度湿度，下雨不下雨，它最清楚。

难怪动物学家说，龙的原形是鳄鱼。[2]

附记：

此节是据旧作《说龙，兼及饕餮纹》改写。该文刊载于《中国国家博物馆馆刊》2017年3期，53—71页。

----

[1] 裘锡圭《说卜辞的焚巫尪与作土龙》，收入《裘锡圭学术文集》（甲骨文卷），上海：复旦大学出版社，2012年，194—205页。
[2] 郭郛等《中国古代动物学史》，北京：科学出版社，1999年，24页。

蛇年说蛇

蛇在十二生肖中的位置

十二生肖，今以巳配蛇。放马滩秦简《日书》甲种以巳配鸡，显然是抄误。[1]睡虎地秦简《日书》甲种以巳配蟲，[2]孔家坡汉简《日书》以巳配虫，[3]所谓蟲、虫应即蛇。

三十六禽，蛇与蚓、鳝相配，三者形象相似。放马滩秦简《日书》乙种讲钟律配兽，其中有蛇，[4]有王蟲，[5]未见蚓、鳝。

蛇与虫

孔子劝他的学生学《诗》，说学《诗》有个好处，可以"多识于鸟兽草木之名"（《论语·阳货》）。博物学，古称"雅学"。多识鸟兽草木之名者，古称"博雅君子"。

中国古代有五虫说，五虫配五行，见《管子·幼（玄）官（宫）》、《大戴礼·夏小正》、《礼记·月令》、《吕氏春秋》十二纪、《淮南子·天文》等书。古之所谓五虫，羽虫是飞禽（即鸟类），毛虫是走兽（以哺乳动物为主），鳞虫是鱼类和爬行类，介虫（或甲虫）的特点是骨在肉外（龟鳖虾蟹和贝类属于这一种），赢虫（或倮虫）赤裸无毛（小到昆虫的幼虫，大到号称裸猿的人类）。凤为

---

[1]《天水放马滩秦简》，84页：简35。
[2]《睡虎地秦墓竹简》，219页：简74背。
[3]《随州孔家坡汉墓简牍》，175页：简372。
[4]《天水放马滩秦简》，98页：简219。
[5]同上书，简230。

羽虫之长，麟为毛虫之长，龙为鳞虫之长，龟为介虫之长，人为嬴虫之长。龙、凤、麟、龟皆瑞兽。人是五灵之长。今以灵长目（Primates）统称猴、猿和人。

《尔雅》不同，它把动物分成虫（繁体作"蟲"）、鱼、鸟、兽、畜五类。虫是昆虫，鱼是鱼类，鸟是鸟类，兽是哺乳动物，畜是六畜，六种家养的动物。《尔雅·释虫》的虫相当今之昆虫。有足的昆虫叫虫，无足的昆虫叫豸，其中不包括蛇，蛇在鱼类。《尔雅·释鱼》的鱼，不光是鱼类，还包括爬行类，如蛇、蛙、龟、鳖、蜥蜴。五虫说把蛇、蛙、蜥蜴归入鳞虫，龟、鳖归入介虫。

《说文解字》的动物部首有36个，其分类与《尔雅》也不同。[1]《尔雅·释虫》把虫类分为虫、豸两类，许慎把豸理解为长脊兽，从豸之字皆哺乳动物，与虫无关。与虫有关的字在《说文解字》卷十三。

《说文解字》卷十三有虫、蚰、蟲、风、它、龟、黾、卵八部，前四部与虫有关，后四部与蛇、龟、蛙有关。许慎以一虫为虺，二虫为昆，三虫为蟲，分别定其读音。[2]许慎以它为蛇，与蛇有关的字多在虫部。

---

[1]《说文解字》中与动物有关的部首，卷二有牛（黄牛、水牛）、犛（音lí，牦牛），卷四有羽、隹（音zhuī，短尾鸟）、萑（音huán，鸱枭）、羊、鸟（长尾鸟）、乌（乌鸦），卷五有虎，卷九有豕、希（音yì，箭猪）、彑（音jì，猪头）、豚（小猪）、豸（音zhì，长脊兽）、兕（音sì，犀牛），卷十有马、廌（音zhì，独角兽）、鹿、㲋（音chuò，大野兔）、兔（野兔）、萈（音huán，细角山羊）、犬、鼠、能（熊属）、熊，卷十一有鱼、燕、龙，卷十三有虫（音huǐ，蝮蛇，同虺）、蚰（音kūn，昆虫，同昆）、蟲（chóng，有足虫）、它（音tā，即蛇）、龟、黾（音měng，蛙），卷十四有内（音róu，同蹂，兽迹）、嘼（音chù，同畜）。虫类主要在卷十三，鱼类主要在卷十一，鸟类主要在卷四，兽类、畜类散见于卷二、卷四、卷九、卷十四。许慎的分类似与《尔雅》不同，蛇、龟、蛙属于虫类，而非鱼类。

[2]这种分类与古文字不合，恐怕是汉代蒙学创造的体例。

蛇分三大类

蛇是一亿年前从早期蜥蜴目的成员进化而来，资格非常老。蜥蜴是四脚蛇，蛇是无脚蜥蜴。有些蛇，四肢退化，还留下点痕迹，有些则完全退化。它们在地球上分布极广，除南北极，到处都有。

蛇目下分三个亚目：盲蛇、原蛇和新蛇。

盲蛇，无毒，多具后肢带（四肢退化的痕迹），是现存最原始的蛇。这种蛇，长相像蚯蚓，双眼退化，只有两个小圆点，基本上是瞎子，鳞很小，身上光溜溜，主要分布在亚洲和非洲。

原蛇，也是无毒蛇，多具后肢带，也比较原始。原蛇中有蟒蚺科，世界上最大的蛇属于此科。蟒亚科是旧大陆的蛇，蚺亚科是新大陆的蛇。这类蛇主要生活在热带雨林。

新蛇，既有毒蛇，也有无毒蛇。这种蛇，进化最彻底，无后肢带，属于地球上最先进的蛇，其中包括游蛇科、眼镜蛇科和蝰科等。游蛇最多，多数无毒，少数有毒。眼镜蛇和蝰科是有毒蛇。

《尔雅》《说文解字》中的蛇

1. 蛇：《尔雅·释鱼》有螣蛇、王蛇。《说文解字·它部》："它，虫也。从虫而长，象冤曲垂尾形，上古艸居患它，故相问无它乎。凡它之属皆从它。𧍺，它或从虫。"此字象身体前段竖起，颈部皮褶两侧膨胀的眼镜蛇（*Naja*）。

2. 蚳（dié）：《尔雅·释鱼》："蚳，蜇。"郭郛说，蚳即蝮蛇（*Agkistrodon halys*）。[1]

---

[1] 郭郛等《中国古代动物学史》，北京：科学出版社，1999年，93页。

3．蝁（è）：《说文解字·虫部》："蝁，蚚也。"郭郛以为与蚚为同一种蛇。[1] 我怀疑，此蛇即俗称恶乌子的毒蛇。恶乌子又名烙铁头，学名叫原矛头蝮（*Protobothrops mucrosquamatus*），属于蝰科蝮亚科，是一种剧毒蛇。

4．螣（téng）：《尔雅·释鱼》："螣，螣蛇。"《说文解字·虫部》："螣，神蛇也。"传说是会飞的蛇，可能是树栖蛇。郭郛认为，螣蛇是从树上高空腾起下落的蝮蛇（*Agkistrodon halys*）。[2] 亚洲南部和印度东部有一种金花蛇（*Chrysopelea ornata*），确实能从一棵树到另一棵树做短距离滑翔。

5．蟒：蟒蛇（*Python molurus*）。《尔雅·释鱼》："蟒，王蛇。"王蛇是大蛇。

6．蚦（rán）：亦蟒蛇。《说文解字·虫部》："蚦，大蛇可食。"

7．蝮虺（huǐ）：《尔雅·释鱼》："蝮虺，博三寸，首大如擘（bò）。"蝮虺连言，是一个词。《说文解字·虫部》虺作虫，与蝮互训，另以虺字指虺蜥（一种蜥蜴）。[3] 许慎对虫字的解释是"一名蝮，博三寸，首大如擘指，象其卧形。物之微细，或行或毛（飞），或赢（倮）或介或鳞，以虫为象。凡虫之属皆从虫"，对蝮的解释是"蝮，虫也"。这种蛇，特点是身子粗，头大，郭郛说，蝮虺即尖吻蝮（*Agkistrodon acutus*）。尖吻蝮属于蝰科蝮亚科。[4]

---

〔1〕郭郛等《中国古代动物学史》，93页。

〔2〕同上书，54—56、93页。

〔3〕《说文解字·虫部》："虺，虺以注鸣。《诗》曰'胡为虺蜥'。"虺属蜥蜴类，即石龙子（*Scincidae*），也叫四脚蛇。古人把蜥蜴类的动物视为蛇。

〔4〕郭郛等《中国古代动物学史》，58、93、123页。

蛇与龙

《大戴礼·易本命》说:"有羽之虫三百六十,而凤皇为之长;有毛之虫三百六十,而麒麟为之长;有甲之虫三百六十,而神龟为之长;有鳞之虫三百六十,而蛟龙为之长;倮之虫三百六十,而圣人为之长。"

龙、凤、麟、龟,号称四灵,四灵皆瑞兽。瑞兽是想象的动物。想象的动物是以现实的动物为依托,综合若干动物的特点而成。人,不仅是倮虫之长,而且是五虫之长,现在叫灵长类。

龙像什么?古人有三停九似之说(《尔雅翼》卷二八),皆后人添油加醋。其实,龙所依托主要是古之鳞虫。古人或称鱼龙,或称龙蛇,或称龟蛇,都可反映这三类动物在古人心目中是关系最近的动物。

我在前面讲,龙是以鳄鱼为原型,鳄鱼是大蜥蜴,蜥蜴是四脚蛇,蛇是无脚蜥蜴。三者有密切关系。

古代盘类器物常以蟠龙为饰,头是龙头,却往往没有足。这种无脚龙,非常像蛇。还有一些器盖,也以蟠龙为饰。

难怪蛇称小龙,十二生肖次于龙。

蛇与龟

《周礼·春官·司常》:

> 司常掌九旗之物名,各有属,以待国事。日月为常,交龙为旂,通帛为旜,杂帛为物,熊虎为旗,鸟隼为旟,龟蛇为旐,全羽为旞,析羽为旌。

交龙对应苍龙，熊虎对应白虎，鸟隼对应朱雀，龟蛇对应玄武。

《淮南子·天文》：

> 何谓五星？东方，木也，其帝太皞，其佐句芒，执规而治春；其神为岁星，其兽苍龙，其音角，其日甲乙。南方，火也，其帝炎帝，其佐朱明，执衡而治夏；其神为荧惑，其兽朱鸟，其音徵，其日丙丁。中央，土也，其帝黄帝，其佐后土，执绳而制四方；其神为镇星，其兽黄龙，其音宫，其日戊己。西方，金也，其帝少昊，其佐蓐收，执矩而治秋；其神为太白，其兽白虎，其音商，其日庚辛。北方，水也，其帝颛顼，其佐玄冥，执权而治冬；其神为辰星，其兽玄武，其音羽，其日壬癸。

所谓五兽，东方苍龙，南方朱鸟，中央黄龙，西方白虎，北方玄武。

《史记·天官书》的二十八宿，正是以四象划分天宇。

玄武为北方水神，其象为龟蛇相配。

出土文物中的蛇

南方多蛇，器物多以蛇为饰，这里举几个例子。

1. 商代提梁方卣盖上的蛇 [图1]，江西新干大洋洲出土，江西省博物馆藏。蛇身的纹饰单元为一个菱形方格纹加四个三角纹。这是商代最典型的蛇纹。

2. 春秋提梁卣，湖南衡阳出土，衡阳市博物馆藏。卣身以蛇纹、蛙纹为饰。中国国家博物馆有一件类似的器物 [图2]，也是衡

图 1 商代提梁方卣盖纹饰 江西省博物馆藏

图 2 春秋提梁卣 中国国家博物馆藏

图3　汉代蛇形镂空铜器
云南江川李家山考古工作站藏

图4　"滇王之印"金印　中国国家博物馆藏

阳出土。

3．蛇形镂空铜器［图3］，云南江川李家山51号墓出土，云南江川李家山考古工作站藏。

4．滇王之印［图4］，云南晋宁石寨山M6出土，中国国家博物馆藏。汉代封赐南方蛮夷君长多以蛇纽印。

马年说马

马在十二生肖中的位置

十二生肖，以午配马，放马滩秦简《日书》甲种同。[1] 但睡虎地秦简《日书》甲种和孔家坡汉简《日书》，午位不是马而是鹿。[2]

三十六禽，马与鹿、獐相配。这三种动物都是善于奔跑的动物，古人以为相近。放马滩秦简《日书》乙种讲钟律配兽，其中有马，[3] 未见鹿、獐。鹿见甲种午位。

指鹿为马

《史记·秦本纪》有个"指鹿为马"的故事：

> 八月己亥，赵高欲为乱，恐群臣不听，乃先设验，持鹿献于二世，曰："马也。"二世笑曰："丞相误邪？谓鹿为马。"问左右，左右或默，或言马以阿顺赵高。或言鹿，高因阴中诸言鹿者以法。后群臣皆畏高。

有学者认为，这个故事与简文有关。[4]

---

〔1〕《天水放马滩秦简》，85页：简36。
〔2〕《睡虎地秦墓竹简》，219–220页：简75背；《随州孔家坡汉墓简牍》，175页：简373。
〔3〕《天水放马滩秦简》，98页：简224。
〔4〕饶宗颐《云梦秦简日书研究》，收入《楚地出土文献三种研究》，北京：中华书局，1993年，405–441页。

马是"国际动物"

看电视，我爱看动物。动物，每天轮流上演，不是狮子、角马，就是犀牛、大象，不是猎豹、鬣狗，就是河马、鳄鱼，场景几乎全在东非大草原。毒蛇大蟒，上镜最多，一开电视就窜出来。动物摄影，主要是欧美摄影家在拍，要拍就拍野生动物，越野越好。镜头中的非洲好像动物园，他们叫"狂野非洲"。

六畜马为首。马是家畜，国产就有，谁都见过，不新鲜，好像不值得拍，拍也放在"农广天地"，供农民兄弟看。现在时兴讲国际，我可以毫不夸大地讲，马是真正的"国际动物"。

什么最国际？一曰商贸，二曰战争，古代和今天一样。丝绸之路，全靠骆驼和马。骆驼只能驮东西。马不一样，除了驮负挽重，还可用于战争，让披坚执锐的战士，驾战车或骑着它，纵横驰骋，无远弗届，什么地方都能去。

马从哪里来

马科动物，包括马，驴，马、驴所生的骡，还有非洲斑马。马出野马，驴出野驴。它们的共同祖先，有趾无蹄。马的老祖宗叫始祖马，前足四趾，后足三趾，后来统统变成三趾。

现代马，圆蹄，高个儿，长脸，大门牙，这是经长期进化，最后留下的长相。马的祖先不是这副模样，身上有条纹，大小跟狐狸差不多，整天在林子里乱窜。这跟我们对现代马的印象大不一样。

我们都知道，现代马是生活在旧大陆，它的故乡是欧亚草原。草原开阔，拔高了它的身材，让它抬头望风，视野开阔，低头吃草，刚好够得着。吃草的动物都一惊一乍，圆蹄才跑得快。这是在新环境下造就。

家马是16世纪从欧洲传入美洲，但它的祖先却是美洲动物。远在16万年前，它们从白令海峡，经早先连接新旧大陆的陆桥，传入地球这一边。传入后，反而在美洲绝迹。

欧亚草原在旧大陆的北部，东西横陈。马的传播，先是从东到西，后是从北到南。北方的马，毛长皮厚，耐寒；南方的马，毛短皮薄，耐热。研究马的专家把马分成冷血、温血和热血，就是按纬度和气候分。

现在，小马不如大马，但小马更原始。斑马有条纹，不入主流，但条纹恰好是本色，我们在有些马的腿上还能见到。

野马被驯化

马的前辈是野马，驴的前辈是野驴。家马、家驴出现后仍有野马、野驴。

野马，现在可考，据说有四种：冻原马、森林马、欧洲野马、普氏野马。这种马，在进化谱系上叫"真马"。冻原马在西伯利亚东北，早就灭绝。其他三种，森林马、欧洲野马在欧洲，普氏野马在亚洲。

司马迁在《匈奴列传》中提到过騊駼、驒騱。騊駼，学者推测是普氏野马（*Equus Przewaskii*）。[1] 驒騱，司马相如《上林赋》是把它跟驴骡类的动物放一块讲，郭璞以为距驉类，我看是蒙古野驴。

野马如何驯化成家马，这是动物考古的大问题，现在属于科技考古。我的朋友，袁靖和李水城，他们正在研究这个国际性课

〔1〕郭郛等《中国动物学史》，北京：科学出版社，1999年。

题。我向他们请教，他们说，目前证据最早是哈萨克斯坦北部波太（Botai）遗址出土的马骨，年代在公元前3500年。马从北美进入亚洲北部，向西扩散，是在欧亚草原被驯化。这个地点很寸，既不靠东，也不靠西，说南不太南，说北不太北，大体居中。

波太马的年代，现在有争论，准不准，不敢说，但我们从下述文物看，就算晚，也不能太晚。

2012年，不列颠博物馆有个马文物展，展出过一批与马有关的文物。最早几件，可以早到公元前2800—前1800年。乌尔标准器、海法吉（Khafajeh）遗址陶罐和古亚述赤铁矿滚筒印上有四个"马头马脑"的家伙在拉车，车是四轮车。这四个家伙是马是驴不好分，图录说是"四头驴"。但图版7：古巴比伦陶范，年代为公元前2000—前1800年，图录终于说，陶范上的图案是人骑马；图版8：古巴比伦泥版，有汉谟拉比14年的纪年，相当公元前1779年，图录终于说，泥版上的图案是人驾马车。比这批文物晚，图录中还有埃及新王国时期、中巴比伦和中亚述时期的文物，年代都在公元前1000年以前。公元前1000年以后，书中有洛雷斯坦青铜器、亚述画像石、奥克苏斯宝藏等等。马被驯化，已经是明摆着的事。

马是随战争文化传遍全世界

历史上，游牧民族与农耕民族是共生关系，就像虎狼和马牛羊是共生关系。游牧民族的生存线是一条以沙漠、绿洲、戈壁、荒山和草原串联的干旱带，从北非、阿拉伯半岛，经伊朗、阿富汗、中亚五国，到新疆和蒙古草原，逶迤一线，把旧大陆的北半分成东西两块，很像太极图的阴阳鱼。世界上的古老文明多半都是傍着这条线发展。草原有如大海，航海都是顺边溜，游牧也是。草原帝国的前沿总是贴近农耕定居点。这些财富集中、人口集中、天下最富庶的地区，好像天意安排，专等他们抢。他们每次发起攻击，都像弃舟登岸。

学者说，游牧民族对农耕民族的冲击有三次高潮，每次都影响到世界格局的改变。这话一点没错。

第一次浪潮分东中西三线，情况很复杂。这三线，最引人注目的是雅利安人南下。他们从南俄草原，经中亚进入伊朗、印度和阿富汗。这是家马南下的主线。

第二次浪潮是日耳曼从西边对罗马帝国入侵，匈奴从东边对秦汉帝国入侵。秦皇汉武筑长城，有如防洪的堤坝。他们不但把北方民族的冲击波一次次挡住，还把它推向西边。这造成中亚和欧洲的多米诺效应。罗马帝国扛不住，终于崩溃。

第三次浪潮是阿拉伯人北上，与基督教世界争雄；接着是蒙古西征、突厥南下，沿呼罗珊大道，直逼小亚细亚。阿拉伯帝国、蒙古帝国和奥斯曼帝国的建立，全有马的功劳。

马是军事文化的符号，全世界一样。马是靠这种一波又一波的冲击，传遍全世界。

征服者都是马上取天下。欧洲人是最后一个世界征服者。他们取天下，不仅靠船，也靠马。他们把马传到了全世界。

以纯血马为中心的历史是一部倒写的历史

历史是由征服者撰写，倒过来撰写。

上述展览，图录题目是《马》，副标题是"从阿拉伯半岛到皇家阿斯科特赛马会"。第一章讲古代近东的马，第二章讲伊斯兰世界的马，第三章讲阿拉伯半岛的马，第四章讲阿拉伯马和布伦特夫妇，第五章讲现代英国的马，最后是图版。英国人爱马，对马研究甚深，令人敬佩。但图录展示的历史，只是他们熟悉的历史，用他们熟悉的方式写，非常英国。

英国人爱马，爱的是纯血马。纯血马的来源是贝都因人养的阿拉伯马，以及著名的西班牙马。西班牙马的来源是柏柏尔人养的柏布马。追根究底，这些马，不是出自北非，就是阿拉伯半岛。欧洲的老邻居和老敌人，前有近东各国，后有伊斯兰世界。马是用来打仗，不打不相识。英国的宝马是伊斯兰世界的馈赠。

英国人征服印度、北美、澳大利亚，骑的是英国马。西班牙人征服拉丁美洲，骑的是西班牙马。印第安人没见过马，第一次见马，十分震惊，但很快就爱上了马。

这些马和与之沾亲带故的马都是欧洲人征服世界的马。他们的马，遍布世界赛马场和各种与马有关的体育活动，高大，漂亮，速度快，耐力好，的确是最好的马。

这样的马，雄踞马史中心，就像他们笔下的所有历史一样。难道不应该吗？

我说应该。

但我想补充一句，这样的历史是倒写的历史。纯血马后来居上，只是这部倒写历史的中心。

天马出西极，神龙不能追

有两种马非常重要，书中没有提到，这就是土库曼斯坦的阿克哈·塔克马（Akhal teke horse）和1965年在伊朗北部发现的里海马（Caspian horse）。有学者把真马分为四型，1型、2型是欧亚大陆北部的马，3型、4型是欧亚大陆南部的马。3型对应的现代马是阿克哈·塔克马，4型对应的现代马是里海马。据说，阿拉伯·孟纳齐赛马与阿克哈·塔克马有血缘关系，里海马就是阿拉伯马的祖先。

土库曼斯坦的马，历史上非常有名，也叫马萨盖特马、尼萨马、安息马、波斯马、土库曼马。阿克哈·塔克马，其重要性一点儿也不让于阿拉伯马和柏布马。

阿契美尼德王朝的波斯帝国，幅员广大，万邦来朝。它的开国之君，居鲁士大帝是死于马萨盖特人之手。我们从波斯波利斯宫殿的石刻上仍能看到，当时的宝马是尼萨马。尼萨在什么地方？正在土库曼斯坦的首都阿什哈巴德附近。阿契美尼德王朝之后，安息王朝就是从尼萨崛起，现在仍是阿克哈·塔克马的繁育中心。萨珊王朝的石刻，画面上的国王，不是仗剑而立，就是骑在马上；不是枪挑敌酋（安息国王），就是马踏敌酋（罗马皇帝）。他们骑的马，大概也是这种马。

我国历史上，汉武西征，求取大宛的汗血宝马，写下《天马歌》《西极天马歌》。"天马出西极，神龙不能追。"（元程钜夫《赵际可天马图》）这种"天马"，众所周知，正是土库曼斯坦的马。

中亚五国，旧属沙俄和苏联，落于英国人的视野之外。马的驯化在哈萨克斯坦，天马出自土库曼斯坦，一南一北，代表另一系统。研究马的历史，离不开这条主线。

中国的马

中国的马，北有蒙古马（三河马与它有关），西有藏马（河曲马、大通马与它有关）、新疆（包括哈萨克马、焉耆马、伊犁马），南有川马、滇马类的西南小马。这些马，主要产于四大边疆，东北、内蒙古、新疆、西藏，以及与它们邻近的地区，大体相当学者所谓的"半月形文化传播带"。这是中国的"马文化圈"。

中国的家马，商代晚期才有，比中亚晚，马车也是这一时期才出现。春秋盛行车战，骑兵到战国才流行。这给人一个印象，中国的马辈分太浅。这个印象对不对？我说不对。

中国马，论辈分，一点儿不晚，至少在公元前1000年以前，属于第一次浪潮，比很多洋马都早。阿拉伯马、柏布马是公元7世纪才大出其名。纯血马更是17、18世纪才有。

最近，赵超写了本小书。他把史前到唐代，凡与马有关的文物，从内蒙古、新疆的岩画到汉唐墓室的壁画，从眉县驹尊到唐代三彩马，洋洋大观，搜罗在一起，极便参考。读者有兴趣，可以找来看。看一看，你就明白，中国的马文化其实非常发达。

中国艺术中的马，有汉马，有胡马。汉马是蒙古马，胡马是中亚马和波斯马。

汉马矮，画面上的马，往往短腿肥臀，突出的是一个肥字。胡马不一样，突出特点是瘦高，如四川出土的汉代陶马或铜马，脖子高挺，四腿修长，与身体不成比例，估计就是表现胡马。唐代的三彩马，颈高腿长脑袋小，大概也是胡马，至少是引进胡马加以改良的马。当时的胡马还有个特点，耳朵尖。杜甫咏胡马，"胡马大宛名，锋棱瘦骨成。竹批双耳峻，风入四蹄轻"（《房兵曹胡马诗》）。胡马的耳朵朝前撅，好像竹叶。

谢成侠说，中国马，既有改良，也有退化，从出土发现看，后世的马反而没古代高。其实，正是因为有退化的问题在，才需要引胡马来改良，历史上不止一次。我在上面说，早在汉代，中国就引进过大宛马。引进胡马是为了改良。改良后的马，不分胡汉，都是中国的马。

我国的马是远东的马，离西方最远。西人讲马，中国马最没地位，论个头，论长相，比速度，比耐力，哪样都不行。但我说，中国的马，即使本土的马，照样重要。

第一，马从北美西传，首先到远东。

第二，四大野马，普氏野马仅存，就是发现于中国境内。

第三，匈奴、蒙古、突厥，他们的南下西侵是世界性的历史事件，这些征服离不开中国马。

我国的马，来源不一，情况复杂，但资格最老、名气最大而且出身本土的马，毫无疑问是蒙古马。蒙古马不是蒙元才有的马，而是蒙古草原的马，最能代表东北亚的马。

如果我们把图录中的马当成一个系统，中亚马当成另一个系统，那么蒙古马就是第三个系统。

这样理解，并不夸大吧？

出土文物中的马

1. 西周盠驹尊［图1］，陕西眉县李村出土，有铭文，中国国家博物馆藏。

2. 春秋鎏金马形饰件［图2］，内蒙古宁城小黑石沟出土，内蒙古博物院藏。

3. 秦代陶马［图3］，陕西秦始皇陵兵马俑1号陪葬坑出土，秦始皇帝陵博物院藏。

4. 西汉鎏金马珂［图4］，山东济南市章丘区洛庄汉墓出土，济南市考古研究所藏。

5. 魏晋青铜马［图5-1］，甘肃武威擂台1号墓出土。这类青铜马，马头上的装饰与萨珊石刻［图5-2］同。[1]

---

[1] 林梅村《中国与近东文明的最初接触——2012年伊朗考察记之五》，《紫禁城》2012年10期，30—41页。

图1　西周夔驹尊　中国国家博物馆藏

图2　春秋鎏金马形饰件　内蒙古博物院藏

图3　秦代陶马　秦始皇帝陵博物院藏

图4　西汉鎏金马珂　济南市考古研究所藏

图 5-1 甘肃武威擂台 1 号墓出土的马

图 5-2 霍尔木兹二世《克敌图》 纳克什·鲁斯塔姆

6. 唐三彩马 [图6]，陕西西安半坡村出土，西安博物院藏。此马额头有当卢，胸带和鞦带悬马珂，当卢宽而马珂窄。

图 6 唐三彩马 西安博物院藏

附记：

此节是据旧作《说马》改写。该文收入拙作《万变》，北京：生活·读书·新知 三联书店，2016年，389—401页。

附：古文献中的马珂

1.《西京杂记》卷二："武帝时……长安始盛饰鞍马，竞加雕镂。或一马之饰直百金，皆以南海白蜃为珂，紫金为华，以饰其上。"

2.《隋书·礼仪志五》："马珂，三品以上九子，四品七子，五品五子。"

3.《旧唐书·舆服志》："马珂，一品以下九子，四品七子，五品五子。"

4.《太平御览》卷三五九："服虔《通俗文》曰：勒饰曰珂。郭义恭《广志》曰：期调国出金银、白珠、流璃、水晶器、五色珠、马珂。又曰：剽刀国出桐华布、珂、珠贝、艾香、鸡舌香。傅玄《乐府豫章行》曰：轻裘缀孔翠，明珂耀珊瑚。张华《轻薄篇》曰：文轩树羽盖，乘马珮玉珂。"

5.《曾巩集》卷二："金节横光马珂闹，瑞鹊宫袍腰玉绕。"

6.《宋史·仪卫志》："珂之制，铜面，雕翎鼻拂，攀胸，上缀铜杏叶、红丝拂。又胸前及腹下，皆有攀，缀铜铃；后有跋尘、锦包尾。独卤簿中金吾卫将军导驾者，皆有之。"

7.《元史·舆服志》："引天武官二人，执金钺，金凤翅兜牟，金锁甲，青勒甲绦，金环绣汗胯，金束带，马珂饰。"

8.《本草纲目》卷四六马珂螺、珓条："时珍曰：珂，马勒饰也。此贝似之，故名。徐表作马珂。《通典》云：老雕入海为珓。即珂也。"

羊年说羊

羊在十二生肖中的位置

十二生肖，今以未配羊，放马滩秦简《日书》甲种同。[1] 睡虎地秦简《日书》甲种和孔家坡汉简《日书》以未配马，[2] 没有羊。

三十六禽，羊配鹰、雁。鹰、雁高飞于天，与羊迥异。《五行大义》的解释比较绕。[3] 放马滩秦简《日书》乙种讲钟律配兽，其中有羊，未见鹰、雁。[4]

羊是牛科动物

羊是牛科动物，偶蹄，反刍，跟牛和羚羊属于一类。牛科动物的共同点是头上长角，埋头吃草。

牛科分牛亚科、羊亚科、羚羊亚科、高角羚亚科、狷羚亚科、麂羚亚科、马羚亚科、苇羚亚科、短角羚亚科。这九个亚科，前三种，中国有，后六种是非洲动物，中国没有。

（一）牛亚科

前已涉及，这里不再重复。

---

[1]《天水放马滩秦简》，85页：简37。

[2]《睡虎地秦墓竹简》，220页：简76背；《随州孔家坡汉墓简牍》，175页：简374。

[3]《五行大义·论三十六禽》："未为羊、鹰、雁者，《式经》云：未为小吉，主婚姻礼娉，礼娉有羊、雁之用。郑玄《婚礼谒文》云：雁候阴阳，待时乃举。《易》以为坤为羊，坤在未也。《礼记·月令》云：季夏之月，鹰初学习。此因候以配之。"

[4]《天水放马滩秦简》，98页：简227。

（二）羊亚科

分野生、家养。下面五种是野生种。

1. 盘羊（*Ovis ammon*），也叫大角羊，有螺旋形卷角，角尖朝前卷，主要分布于中国的新疆、青海、甘肃、西藏、四川、内蒙古，以及蒙古国、俄罗斯、哈萨克斯坦、吉尔吉斯斯坦、塔吉克斯坦、乌兹别克斯坦、印度。

2. 羱（音yuán）羊（*Capra ibex*），也叫北山羊，双角高竖，并排朝后仰，主要分布于中国的新疆、甘肃，以及蒙古国、俄罗斯、哈萨克斯坦、吉尔吉斯斯坦、塔吉克斯坦、乌兹别克斯坦、阿富汗、巴基斯坦、印度。

3. 捻角山羊（*Capra falconeri*），体型高大，有麻花状螺旋形大角，历史上曾分布于塔吉克斯坦、乌兹别克斯坦、土库曼斯坦一带，今只限于巴基斯坦、印度、尼泊尔、不丹一带。

4. 岩羊（*Pseudois nayaur*），体型像绵羊，角像山羊，长相介于盘羊和野山羊之间，主要分布于中国的青藏高原、四川、云南、内蒙古、新疆、陕西、甘肃、宁夏，以及尼泊尔和克什米尔地区。

5. 羚牛（*Budorcas taxicolor*），长相既像羚羊又像牛，主要分布于中国的秦岭山区、四川、云南，以及缅甸、印度、尼泊尔、不丹。

（三）羚羊亚科

都是野生种。

1. 蒙古原羚（*Procapra gutturosa*），主要分布于中国的内蒙古和邻近地区，以及蒙古国和俄罗斯，过去数量很大，现在中国国内，仅见于内蒙古西部，是国家二级保护动物。

2. 普氏原羚（*Procapra przewalskii*），因1875年俄国探险家普热瓦尔斯基（Nikolay Przewalski）在鄂尔多斯地区发现而命名，过去主要分布于中国的内蒙古、宁夏、甘肃、青海、西藏、新疆，现仅见于青海湖周边，极度濒危，是国家一级保护动物。

3．藏原羚（*Procapra picticaudata*），也叫西藏黄羊，主要分布于中国的甘肃、新疆、西藏、青海、四川，以及印度，是国家二级保护动物。

4．藏羚羊（*Pantholops hodgsonii*），比上述三种大，主要分布于青藏高原，是国家一级保护动物。

现在，保护藏羚羊，宣传力度大，世人皆知，藏羚羊已突破30万只。蒙古原羚，过去很多，现在不及藏羚羊。藏原羚，目前只有2万−3万只。普氏原羚，2018年统计，只有2793只。

上述羚羊，前三种都叫黄羊。它们与藏羚羊不同，都有白屁股（白色臀斑）。三年困难时期，我听说，有些单位曾组织到内蒙古打黄羊，不知打的是哪一种。牧民说，黄羊破坏草场，太多了也不行，狼是控制其种群数量、保护草场的功臣。

中国的家羊

中国的家羊分两种。

1．绵羊（*Ovis aries*）：据说源于四个野生种，一是欧洲的摩弗仑羊（*Ovis musimon*），[1] 二是西亚、中亚的东方羊（*Ovis orientalis*），三是中亚、东北亚的盘羊（*Ovis ammon*），四是北非的蛮羊（*Ovis orientalis vignei*）。野生绵羊的驯化始于约11000年前。中国养羊史可上溯到8000年前。

2．山羊（*Capra aegagrus hircus*）：据说源于中亚的大角羊（*Capra aegagrus*）。或说，克什米尔、阿富汗和巴基斯坦山区的捻角山羊（*Capra falconeri*）和欧洲的野山羊（*Capra prisca*）也是山羊的祖先。野生山羊的驯化约始于8000年前。

---

[1] 英语叫Mouflon。

古书中的羊

羊是象形字。《说文解字·羊部》："羊，祥也。从丫，象头角足尾之形。孔子曰：牛羊之字以形举也。"

《尔雅·释兽》："羱，如羊。"郭璞注："羱羊似吴羊而大角，角椭，出西方。"《急就篇》有此字，颜师古注："西方有野羊，大角，牡者曰羱，牝者曰羧，并以时堕角，其羱羊角尤大，今人以为鞍桥。羧角差小，可以为刀子把。"此即上文羱羊。这是讲野山羊。

《尔雅·释畜》讲羊，是以家养的绵羊和山羊为主。绵羊叫羊，公羊叫羒（音fén），母羊叫牂（音zāng），都是白羊。山羊叫夏羊，有些是黑羊，公羊叫羭（音yú），母羊叫羖（音gǔ）。山羊有角，角不齐，一长一短叫羳（音guǐ），角曲里拐弯叫羷（音liǎn）。羷即上捻角山羊。黄腹羊叫羳（音fán）羊。羳是黄羊。小羊叫羜（音zhù），大羊六尺叫羬（qián）。羷羊、羳羊不是家养。羳羊不是羊。

《说文解字·羊部》讲羊，说法略同。[1] 但公羊叫羝，小羊叫羔，羜是"五月生羔也"。

羊的文学形象

羊的文学形象，多半代表弱者。有时代表献祭的牺牲，圣洁无瑕；有时代表无辜的受害者，一声不吭、任人宰割；有时代表迷失方向，任人摆布，得跟领头羊和牧人走。

《圣经》有"神的羔羊"，代表为神牺牲的耶稣；有"迷途的羔羊"，等待先知指路。

---

[1] 今本《说文解字》有错字，如"羒，牂羊也"，牂是牡之误；"牂，牡羊也"，牡是牝之误。

《伊索寓言》中的羊，倒是很聪明。狼吃羊，总要找借口，设圈套，编织一套荒诞的合法性，想方设法把羊吃掉，羊总是拆穿它的谎言与阴谋。《喜羊羊和灰太狼》就是沿用这个套路。

《动物农场》中的绵羊没有名字，它们的特点是唯唯诺诺，服服帖帖，没有主见，随大流，被人裹挟，动不动就狂呼口号，属于无知群众。山羊叫穆瑞尔，喜欢跟毛驴本杰明在一起。本杰明是个喜欢躲在一边看热闹、说风凉话的家伙。

《孙子兵法》有愚兵投险说。他说，出国作战，士兵离家太近，心志无法专一，只有深入敌境，断其后路，才会死心塌地听将军摆布。当将军的，什么都不要跟士兵多说，既不告他行军路线，也不告他作战意图，好像登高去梯，"若驱群羊，驱而往，驱而来，莫知所之"。

社会管理者都以牧羊人自居，现在叫"领导"。这两个字非常准确。

羊肉好吃

中国美食，西北贵羊，东南贵鱼，二者皆鲜美之食。鲜字和美字都含有羊字。

中国，陕北、晋北挨着内蒙古高原，一向养羊。周人是陕西人，跟甘青的氐羌有不解之缘，也离不开养羊吃羊。

西周职官有膳夫，金文作"饍夫"，最初与做饭有关，就是个从羊的字。膳夫类的厨子有个头儿，也就是厨师长，古人叫宰，《周礼》叫天官冢宰，也就是宰相的宰，除了天子，官最大。

古代干禄，做饭曾是敲门砖。如伊尹靠做饭成为商汤的执政大臣，就是后人的榜样。虽然万章拿这事请教孟子，问他"人有言伊尹以割烹要汤"，有这回事吗？孟子说否，根本没有这回事，人家伊尹是"以尧、舜之道要汤，未闻以割烹也"，但我相信，天下一定有这种跑官法。

历史上，北京是个边塞城市，北方民族从东北和内蒙古方向南下，要翻燕山，这里是必争之地。宋以后，辽、金、元、清都曾以北京为首都。北京跟大同、张家口、包头、呼和浩特差不多，过去是个赶羊走骆驼的地方。1955—1957年，我在白米斜街上小学那阵儿，鼓楼大街一带，这么热闹的地方，门口居然卧着骆驼。我们吃的羊肉，都是从内蒙古、张家口赶活羊下来现宰。北京有很多做羊肉的馆子。

我喜欢羊肉，北京烤肉季、烤肉宛有烤羊肉，白魁老号有烧羊肉，各种清真馆子还有涮羊肉、爆肚、羊杂碎。陕西的羊肉泡、水盆羊肉，我也喜欢。

羊作为六畜之一，主要是用来吃。

虽然，有人不吃羊肉，嫌羊肉上火羊肉膻，但羊肉，全国各地都有人吃，东南西北都有人吃。

出土文物中的羊

1. 商代四羊方尊〔图1〕，湖南黄材镇月山铺转耳仑山腰（现属炭河里遗址）出土，中国国家博物馆藏。四羊为绵羊。商周铜器中的饕餮纹经常以绵羊角为饰。

2. 战国盘羊形青铜车辕饰〔图2〕，内蒙古准格尔旗玉隆太出土，鄂尔多斯青铜器博物馆藏。

3. 战国盘羊形金带扣〔图3〕，内蒙古准格尔旗西沟畔出土，鄂尔多斯青铜器博物馆藏。

4. 战国北山羊形青铜饰件〔图4〕，鄂尔多斯青铜器博物馆藏。

图 1　商代四羊方尊　中国国家博物馆藏

图 2　战国盘羊形青铜车辕饰　鄂尔多斯青铜器博物馆藏

图3 战国盘羊形金带扣 鄂尔多斯青铜器博物馆藏   图4 战国北山羊形青铜饰件 鄂尔多斯青铜器博物馆藏

5. 战国北山羊形青铜竿头饰［图5］，鄂尔多斯青铜器博物馆藏。

6. 汉长安城武库遗址出土玉饰件［图6］，表现独角山羊。

7. 广西西林普驮铜鼓墓出土铜马珂［图7］，表现独角山羊。

8. 海昏侯墓出土银当卢［图8］，表现独角山羊。

9. 蒙古国诺彦山苏珠克图20号墓出土匈奴银马珂［图9］，表现独角山羊。

图 5 战国北山羊形青铜竿头饰 鄂尔多斯青铜器博物馆藏

图 6　汉长安城武库遗址出土玉饰件

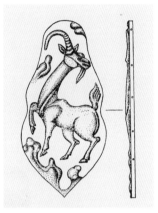

图 7　广西西林普驮铜鼓墓出土铜马珂

图 8　海昏侯墓出土银当卢

图 9　诺彦山苏珠克图 20 号墓出土匈奴银马珂

猴年说猴

猴在十二生肖中的位置

十二生肖，今以申配猴。放马滩秦简《日书》甲种同（简文作"矦"，读为猴）。[1]睡虎地秦简《日书》甲种作环，[2]整理者认为，环读猨。孔家坡汉简《日书》作"玉石"。[3]睡虎地秦简甲种《日书·盗者》篇后另有一章作"申，石也"，[4]与孔家坡汉简《日书》类似。

三十六禽，以申位配猴、猿、狙，三者属于同类。放马滩秦简《日书》种以钟律配兽，其中有狟（照片看不清），[5]或相当猿，未见猴、狙。

猴与猿

猿的栖息地，古今变化很大，不断南移。这不光与气候变化有关，也与人口增加、不断挤压动物的生存空间有关。人进猿退，猿从长江一线退到西双版纳、海南岛，更多的猿躲在东南亚。它们藏身于深山密林，故意躲着人，即使有人去了，也是空谷传响，只闻其声，难睹其形，有如遁迹山林的隐士。

猴不一样，中国60%的省（区）都有猴，如南太行的猕猴就很

---

〔1〕《天水放马滩秦简》，85页：简38。
〔2〕《睡虎地秦墓竹简》，220页：简77背。
〔3〕《随州孔家坡汉墓简牍》，175页：简375。
〔4〕《睡虎地秦墓竹简》，221页：简91背壹。
〔5〕《天水放马滩秦简》，99页：简237。

有名，《太平御览》卷三八六引《尸子》就提到过"太行之獶（音náo）"。今济源五龙山景区，游人如织，看的就是这种猴。

人喜欢看猴耍猴，喜欢猴与人亲近，一点不认生。猴与人套近乎，并非喜欢人，而是喜欢他们投喂的食物，不给就抢，一点不客气。人耍猴，其实是猴耍人。[1] 猴比猿更能放下身段，投入人类主宰的"主流世界"，它们取代猿，乃情理中事。

猿与猴，皆属灵长类，古人常连言。但猿、猴属不同的进化分支。猿比猴高级，比猴更接近人，属于人猿总科，猴属猴科，差点儿劲。猿无尾，无颊囊，猴有之。

猿分长臂猿（*Hylobates*）、褐猿（*Pongo*，也叫红毛猩猩）、黑猿（*Pan troglodytes*，也叫黑猩猩）和大猿（*Gorilla*，也叫大猩猩）。长臂猿是体型最小的猿。中国古代诗文提到的猿主要是长臂猿。长臂猿分很多种，古人以毛色分，只分黑猿、白猿两大类。黑猿叫玄猿。

猴分猕猴（*Macaca mulatta*）和疣猴（*Colobus*）。猕猴是短尾猴，除普通猕猴，还包括狒狒、山魈。疣猴是长尾猴，叶猴、金丝猴属于此类。

高罗佩《长臂猿考》

高罗佩（Robert Hans van Gulik，1910–1967年），荷兰汉学家，博学多才，研究兴趣十分广泛，特别是琴棋书画和文人雅好。

他的最后一部著作是《长臂猿考》（1967年），近有中西书局译本（施晔译，2015年）。此书对文献记载和艺术作品中的中国

---

[1]《苏轼文集》卷一〇三《高丽》："昨日见泗倅陈敦固道言：'胡孙作人状，折旋俯仰中度，细观之，其相侮慢也甚矣。人言弄胡孙，不知为胡孙所弄！'其言颇有理，故为记之。"

"猿文化"做系统考察。

隐士是中国文人的人文幻想，猿啼是他们献愁供恨发牢骚的文化符号。高罗佩把长臂猿称为"中国动物中的君子"（Chinese animal lore）。他把长臂猿当宠物养在家中，对长臂猿很有感情。原书后附有一个纸袋，插着他灌录的猿啼唱片。

该书开头有个总论，讲长臂猿的生活习性。下分三部分，第一部分讲远古至汉代，侧重释名；第二部分讲汉代至唐末，侧重诗文；第三部分讲宋、元、明，侧重书画。最后有个附录，讲日本的长臂猿。对于未曾与此类动物有过亲密接触的我们，此书很有帮助。

与猿、猴类动物有关的字

（一）长臂猿类

1．蝯（音yuán），同猨，亦作猿，即今长臂猿。《尔雅·释兽》："猱，蝯，善援。"《说文解字·虫部》："蝯，善援，禺属，从虫爰声。"其名与猿舒长臂，善于攀缘有关。

2．獑猢（音chán hú），亦作斩貜。《说文解字·鼠部》："斩貜鼠，黑身，白腰若带，手有长白毛，似握版之状，类蝯、蜼之属，从鼠胡声。"疑即白掌长臂猿（Hylobates lar）。《初学记》卷二九引《毛诗草虫经》（《太平御览》卷九一〇引作《毛诗草木虫鱼疏》）谓獑猢是沐猴之老者，动作敏捷。

3．独，猿王，猿群中的老大，说一不二，唯我独尊。《本草纲目》卷五一下："似猿而大，能食猿猴者，独也。""独，似猿而大，其性独，一鸣即止，能食猿猴。故谚曰：独一鸣而猿散。独夫盖取诸此。"

（二）猩猩类

1．猩猩，亦作狌狌。亚洲猩猩只有红毛猩猩（*Pongo pygmaeus*）。《礼记·曲礼上》：“鹦鹉能言，不离飞鸟。猩猩能言，不离禽兽。”《尔雅·释兽》：“猩猩，小而好啼。”《说文解字·犬部》：“猩猩，犬吠声，从犬星声。”

2．狒狒，《尔雅·释兽》：“狒狒，如人，被发，迅走，食人。”郭郛说：“‘狒狒’乃古人所谓的猩猩，不是今日存在于非洲的狒狒（*Papio hamadryas*）。”[1]

（三）猕猴类

1．夒（音náo），猕猴，亦作獿。商代甲骨文和西周金文都有这个字，字象猴子弓背蹲坐、抓耳挠腮，或以手抓食物往嘴里送。《说文解字·夂部》：“夒，贪兽也。一曰母猴，似人。从页。巳、止、夂，其手足。”母猴即沐猴，与性别无关。

2．獿（音náo），同夒。见《礼记·乐记》和《太平御览》卷三八六引《尸子》。又假为优人、优伶、优孟之优。优人是演员，演员的特点是“似我非我，我看我，我也非我。装谁像谁，谁装谁，谁就像谁”。猴像人又不是人，即使戴上帽子，也不是人。韩生骂项羽“沐猴而冠”（《史记·项羽本纪》《汉书·项籍传》），沐猴即猕猴。今语“人模狗样”似之，但狗并不像人。狗对人最好，人反而骂狗，超过骂猴。

3．猱（音náo），同夒。古书常见猿猱。《尔雅·释兽》：“猱，蝯，善援。”上述三字皆幽部字，夒是泥母幽部字；獿从夒，从夒得声的字不是日母幽部字，就是影母幽部字；猱从柔，柔是日母幽部字。古音相近，可以通假。

---

[1]郭郛等《中国古代动物学史》，北京：科学出版社，1999年，105页。

4．猴，猕猴。《说文解字·犬部》："猴，夒也。从犬侯声。"李时珍说，猴与候望之义有关。《本草纲目》卷五十一下："班固《白虎通》云：猴，候也。见人设食伏机，则凭高四望，善于候者也。"今动物片，老虎出没，常有猴子在树上尖叫，发出预警，此说听上去好像很有道理，但作者所引班固《白虎通》，今本作"侯，候也"，并不作猴。猴字的来源还值得研究。

5．禺（音yù），猕猴。禺是疑母侯部字，即偶字所从，偶人是模仿人，猴是匣母侯部字，古音相近。《说文解字·由部》："禺，母猴属，头似鬼。从由从内。"《本草纲目》卷五一下："猴好拭面如沐，故谓之沐，而后人讹沐为母，又讹母为猕，愈讹愈失矣。《说文》云为字象母猴之形，即沐猴也，非牝也。"[1]

6．蠗（音zhuó），猕猴。《说文解字·虫部》："蠗，禺属，从虫翟声。"

7．玃（音jué），猕猴之雄者、大者、王者。《尔雅》："玃父，善顾。"郭璞注："貑（音jiā）玃也，似猕猴而大，色苍黑，能攫持人，好顾眄。"《说文解字·犬部》："玃，母猴也。从犬矍声。"《博物志》卷三："蜀山南高山上，有物如猕猴，长七尺，能人行，健走，名曰猴玃，一名〔马〕化，或曰猳玃。同〈伺〉行道妇女有好者，辄盗之以去，人不得知。行者或每遇其旁，皆以长绳相引，然故不免。此得男女〈子〉气，自死，故取〔女不取〕男也。取去为室家，其年少者终身不得还。十年之后，形皆类之，意亦迷惑，不复思归。有子者辄俱送还其家，产子皆如人，有不食养者，其母辄死，故无不敢〈敢不〉养也。乃〈及〉长与人无异，皆以杨为姓，故今蜀中西界多谓杨率皆猳玃、〔马〕化之子孙，时时相有玃爪者也。"《本草纲目》卷五一下袭其说。玃而称父，显然是公猴。《山

海经·西山经》的"举父"即玃父。

8．貗（音jù），猕猴。《尔雅·释兽》："貗，迅头。"郭璞注："今建平山中有貗，大如狗，似猕猴，黄黑色，多髯鬣，好奋迅其头，能举石摘（掷）人，玃类也。""迅头"是说脑袋不停转动。

9．猶，猕猴，头似麂（音jǐ）。《尔雅·释兽》："猶，如麂，善登木。"《说文解字·犬部》："猶，玃属，从犬酋声。一曰陇西谓犬子为猶。"以音度之，疑即玃。

10．狙，也是猕猴。《说文解字·犬部》："狙，玃属，从犬且声。一曰狙，犬也，暂啮人者，一曰犬不啮人也。"《广雅·释兽》："狙，猕猴也。"[1]狙善隐藏，东张西望。狙击指埋伏起来，发动突袭。《史记·留侯世家》："秦皇帝东游，良与客狙击秦皇帝博浪沙中，误中副车。秦皇帝大怒，大索天下，求贼甚急，为张良故也。良乃更名姓，亡匿下邳。"今语狙击指狙击手用步枪伏击。

（四）疣猴类

1．果然，亦作猓（音guǒ）然，黑叶猴（*Presbytis*），云出九真、日南，即今两广、越南。[2]

2．蜼（音wèi），金丝猴（*Rhinopithecus*）。《尔雅·释兽》："卬（仰）鼻而长尾。时善乘领（岭）。"《说文解字·虫部》："蜼，如母猴，卬（仰）鼻长尾。从虫佳声。"特点是鼻孔朝上，尾巴特别长。鼻孔朝上，据说是为了对付缺氧环境。尾巴有多长？据说是身长的1.4倍。

3．狨（音róng），蜼之异名。《埤雅·释兽》："狨，盖猿狖之

---

[1]《庄子·齐物论》有个故事："狙公赋芧，曰：'朝三而暮四。'众狙皆怒。曰：'然则朝四而暮三。'众狙皆悦。"

[2] 见《艺文类聚》卷九五引《吴录地理志》《南方草物状》《南州异物志》、魏锺毓《果然赋》、梁张缵《谢皇太子赉果然褥启》，《太平御览》卷九一〇引《山海经》《蜀地志》《南中八郡志》《南方草物状》《南州异物志》、魏锺毓《果然赋》。

属，轻捷善缘木，大小类猿，长尾，尾作金色，今俗谓之金线狨者是也。"人类常猎取它的皮毛。

4．狖，《尔雅》《说文》无。楚辞汉赋经常提到"猿狖"，辞例类似"猿猱"。狖字，《广韵》作余救切，古音为喻母幽部字。我初以为，此字可能是猱字的另一种写法，但《广雅·释兽》："狖，蜼也。"王念孙《广雅疏证》以为狖同蜼。我怀疑，狖与蜼是同义词，而非同一词。如果狖与蜼确为同类，则并非从穴得声，[1] 其所从穴可能是宂字（同冗）之误，即上狨字的异体。宂是日母东部字，狨是日母冬部字，东、冬合韵，古音相近。

此外，《尔雅·释兽》："蒙颂，猱状。"郭璞注："即蒙贵也。状如蜼而小，紫黑色，可畜，健捕鼠，胜于猫。九真、日南皆出之。猱亦猕猴之类。"郭郛说，蒙颂是红脸獴（*Herpestes javanicus*），属灵猫科，[2] 与猿、猴无关。

《巴东三峡歌》

李白有一首诗，《下江陵》：

> 朝辞白帝彩云间，千里江陵一日还。
> 两岸猿声啼不住，轻舟已过万重山。

这诗很有名，可能受民歌影响。《水经注·江水二》引《巴东

---

〔1〕狖字，《广韵》作余救切，乃喻母幽部字。古书从穴之字，或为喻母质部字（如欥），或为喻母幽部字（如狖和此字）。《汉语大字典》第二版（四川辞书出版社，2018年），狖、狖音yòu，欥音yù。
〔2〕郭郛等《中国古代动物学史》，103页。

三峡歌》：[1]

> 自三峡七百里中，两岸连山，略无阙处；重岩叠嶂，隐天
> 蔽日，自非亭午夜分，不见曦月。至于夏水襄陵，沿溯阻绝。
> 或王命急宣，有时朝发白帝，暮到江陵，其间千二百里，虽乘
> 奔御风，不以疾也。春冬之时，则素湍绿潭，回清倒影。绝巘
> 多生怪柏，悬泉瀑布，飞漱其间。清荣峻茂，良多趣味。每至
> 晴初霜旦，林寒涧肃，常有高猿长啸，属引凄异。空谷传响，
> 哀转久绝。故渔者歌曰："巴东三峡巫峡长，猿鸣三声泪沾裳！"

《巴东三峡歌》是民歌，原来可以唱，人在舟中，如在画中，
歌声、猿鸣与两岸山水融为一体。

猿啼三声，其声哀。元曲有句套话，"伤心不敢高声哭，只恐
猿闻也断肠"。明徐渭《四声猿》，"四声猿"，三声复添一声，典出
《巴东三峡歌》。

猿公的故事

李贺有诗，"见买若耶溪水剑，明朝归去事猿公"。典出《吴越
春秋·勾践阴谋外传》吴王范蠡问对：

> 范蠡对曰："臣闻古之圣君，莫不习战用兵，然行阵队伍
> 军鼓之事，吉凶决在其工。今闻越有处女，出于南林，国人称善。

---

[1] 据《艺文类聚》卷七、《太平御览》卷五三，这段引文出自盛弘之《荆州记》。据
《艺文类聚》卷七，《太平御览》卷五七二、九一〇，《巴东三峡歌》也见于袁崧《宜
都山川记》。

愿王请之，立可见。"越王乃使使聘之，问以剑戟之术。处女
将北见于王，道逢一翁，自称曰袁公。问于处女："吾闻子善
剑，愿一见之。"女曰："妾不敢有所隐，惟公试之。"于是袁
公即杖〈拔〉箖箊竹，竹枝上颉桥，未堕地，女即捷（接）末。
袁公操其本而刺处女。女应即入之，三入，处女因举杖击袁公。
袁公则飞上树，变为白猿。遂别去。

2000年，李安导演的《藏龙卧虎》上演，章子怡和周润发在
竹林梢头飞来飞去，打得不亦乐乎，让我想起这个故事。当时，我
跟一个老外说，这两人飞来飞去，全靠一根绳，太假太假，但对方
不以为然，他说，No，No，当然要飞起来呀，太美太美。

猴子捞月

镜花水月是佛教说法。古人有猿猱百臂相连，结成猿链，到水
中捞月的传说，高罗佩曾考之，认为猿在树上，偶尔会连臂，但水
中捞月，恐怕是想象。

有一年，徐冰为美国华盛顿的赛克勒美术馆做了个"猴子捞
月"的作品。这座美术馆建在地下，电梯倒着开。他做的猴链是由
各种文字的"猴"构成，从地面伸向地下。我去赛克勒美术馆，正
好撞见。

猕猴桃

猕猴桃（*Actinidia Chinensis*），顾名思义，是猕猴最爱吃的水

果。《诗·桧风·隰有苌楚》的苌楚即此物。《尔雅·释草》："长楚，铫芅。"郭璞注："今羊桃也，或曰鬼桃。"唐以来叫猕猴桃。

猕猴桃的原产地据说是湖北宜昌市夷陵区雾渡河镇，而种植最多是陕西眉县。

猴戏

前面说，见猴容易见猿难，猴很常见。

《礼记·乐记》说：

> 魏文侯问于子夏曰："吾端冕而听古乐，则唯恐卧；听郑卫之音，则不知倦。敢问古乐之如彼何也？新乐之如此何也？"子夏对曰："今夫古乐，进旅退旅，和正以广，弦匏笙簧，会守拊鼓，始奏以文，复乱以武，治乱以相，讯疾以雅。君子于是语，于是道古，修身及家，平均天下。此古乐之发也。今夫新乐，进俯退俯，奸声以滥，溺而不止，及优侏儒，獶杂子女，不知父子。乐终不可以语，不可以道古。此新乐之发也。今君之所问者乐也，所好者音也。夫乐者，与音相近而不同。"

郑玄注："獶，猕猴也。言舞者如猕猴戏也。"可见猴戏很古老。

猴戏，俗称耍猴。20世纪50年代，什刹海岸边有耍猴、打枪、套圈各种游戏。我们小学在白米斜街，张之洞的花园，后墙外是什刹海南岸，我扒着墙头，经常看。那时，我们住校，中午必须午睡。我记得，有一天中午，睡不着，门"呀"的一声开了，进来的不是人，竟是一只猴，脖子上拴着铁链，"唰"的一声往床上蹿，大家呼啦啦往外跑，有个胆大的孩子，想去抓它，根本不是对手，马上被抓得左一道、右一道。它从前院闹到后院，谁也奈何不了。幸亏伙房的大师傅出来，一手拿棍，一手拿吃喝，一边扔食物，一边往出赶，好不容易才把它请走。

想起这只猴，我就想起孙悟空。

孙悟空是中国的自由神

孙悟空姓孙，是取胡孙之义。胡孙即猢狲，亦作猴狲。猴狲见六朝佛典，猢狲见唐代古书。

汉王延寿有《王孙赋》，唐柳宗元有《憎王孙文》。所谓王孙指猕猴。猕猴也叫母猴、沐猴。"沐猴而冠"是骂人话，骂对方，看着像人，其实不是人。柳宗元以猿比君子，王孙比小人。王孙为什么会改成猴狲或猢狲？或说，猢狲即猴狲之变，狲乃梵语、蒙古语、满语表示兽类的词尾sun。[1]

小时候，看《西游记》，我总觉得，孙悟空大闹天宫是全书最爽的部分，自从被如来佛镇压，一巴掌压在五行山下，就没劲了。后面的故事，观音菩萨招安，让孙悟空护送唐僧到西天取经，历九九八十一难，翻茅倒粪，故事雷同。孙悟空本事那么大，干吗非得言听计从由一个是非不分的窝囊废摆布，我想不通。

孙悟空，当然不是君子。作者一开始就讲了，他是下界妖猴，和各种妖怪本为一路。招安后的故事，不过是用妖怪打妖怪，犹如宋江打方腊。

美国是"灯塔国"，纽约的自由神，高举火炬，欢迎四面八方

---

[1] 董志翘《汉文佛典中"猴狲"之"狲"的语源》，收入《佛教文献与文学国际学术研讨会论文》，成都，2018年11月。

的人"投奔自由"。过去方成有幅漫画，在美术馆展出，把她画成眼含泪水，凑近看，眼眶里是两个警察，泪水是警察手里的大棒，我看过原作。

大闹天宫的孙悟空是中国的自由神。中国历史，造反是保留节目，反复上演。中国历代的造反者，身上都有这种精神，"舍得一身剐，敢把皇帝拉下马"。

中国、印度都有猴。孙悟空的原型是什么？或说无支祁（本土说），或说哈努曼（外来说），有各种猜测。[1]

我有一个观点，历史注定会被简化，美化，丑化，变成文学。然而，有趣的是，当文学形象牢牢扎根于我们的头脑，我们又想对文学刨根问底，把文学还原成历史，是谓索隐派。

有人说，连云港是孙悟空故里，花果山就在连云港。也有人考证，孙悟空是甘肃人，护送唐僧去西天取经，路线很熟。

马猴和马流

孙悟空是《西游记》的中心人物。他是猴王，书中自然少不了猴。

《西游记》第一回提到"美猴王领一群猿猴、猕猴、马猴等，分派了君臣佐使"；第三回提到四个老猴，两个是赤尻马猴，两个是通背猿猴，"猴王将那四个老猴封为健将，将两个赤尻马猴唤做马流二元帅，两个通背猿猴唤做崩芭二将军"；第十五回提到"我把你这个大胆的马流，村愚的赤尻"，则是观音菩萨骂孙悟空；第

---

[1] 无支祁说，见鲁迅《中国小说史略》，收入《鲁迅全集》，北京：人民出版社，2005年，第九卷，88—89页，吴晓铃支持此说。哈努曼说，见胡适《〈西游记〉考证》，收入《胡适文存》北京：华文出版社，2013年，第二卷，421—448页，陈寅恪、郑振铎支持此说。

154　十二生肖中国年

五十八回把猴分为四种，"第一是灵明石猴"，"第二是赤尻马猴"，"第三是通背猿猴"，"第四是六耳猕猴"。

《西游记》中的猴，说是四类，其实是两类。孙悟空是石猴，同时是马流或马猴。马流或马猴是指猕猴，[1]崩芭则是猿猴，并非于猿猴、猕猴之外另有两类。

十二生肖的猴，蒙古语作bečin或mečin，满语作manio，突厥语作kəling。马流即满语manio，《露书·风篇》以苦力搦称夜猴，脉乞称猴。苦力搦即kəling，脉乞即mečin。[2]这类与猴有关的词汇，估计是辽、金、元、清时期从北方传入。它们流行汉地不会太早，主要是宋以来，特别是明清时期。崩芭则可能与南方即猿猴分布区的语言有关。

猴与马

猴与马有不解之缘。如猴戏中的猴骑羊是模仿人骑马。《邺中记》："又衣伎儿作猕猴之形走马上，或在胁，或在马头，或在马尾，马走如故，名为猿骑。"有时还有人扮猴骑马表演。

《齐民要术》卷六："《术》曰：常系猕猴于马坊，令马不畏、辟（避）恶、消百病也。"

《云麓漫钞》卷五："北人谚语曰胡孙（猢狲）为马流。"

[1]《清稗类钞》动物类："玃父，产蜀中，俗谓之马猴，状似猕猴而大，毛色苍黑，长七尺，人行，健走，相传遇妇女必攫去，故名。"是以马猴附会古书上的玃父。《红楼梦》第二十八回写饮酒行令，薛蟠的酒令是"女儿愁，绣房蹿出个大马猴"，当与这类传说有关。

[2]呼斯乐《蒙古语"猴"词源考》，《民俗研究》2017年1期，110—115页；《"马流"词源考》，《内蒙古民族大学学报》（社会科学版）2019年3期，64—67页。明末姚旅《露书·风篇》以苦力搦称夜猴，脉乞称猴。苦力搦即kəling，脉乞即mečin。黑龙江省桦川县有个马库力山，马库力山就是猴山，当地也叫马猴山。

《本草纲目》卷五一下："养马者厩中畜之，能辟（避）马病，胡俗称马留云。《梵书》谓之摩斯咤。"

《五杂俎》卷九："京师人有置狙于马厩者，狙乘间辄跳上马背，揪鬣搦项，颣之不已，马无如之何。一日，复然，马乃奋迅断辔，载狙而行，狙意犹洋洋自得也；行过屋桁下，马忽奋身跃起，狙触于桁，首碎而仆。观者甚异之。余又见一马疾走，犬随而吠之不置，常隔十步许。马故缓行，伺其近也，一蹄而毙。灵虫之智固不下于人矣。"

马留即马流，是满语十二生肖的猕猴（manio），源自女真语。[1]

摩斯咤是梵语的猕猴（markata）。

猕猴的拉丁学名叫*Macaca*，英语作macaque，与梵语接近。英语monkey是猴类的泛称（不包括狐猴），*Macaca*只是猴类中的短尾猴。

汉语，母猴、沐猴、猕猴、马猴，其第一字的发音也是以m开头。

孙悟空，自称美猴王，上天受封，第一个官衔是弼马温，看管天上的御马监。弼马温即避马瘟。

俗话说，猴年马月。此语与十二生肖有关。

北京的毛猴

小时候，逛人民市场、东安市场，北京的传统工艺品有一种玩意儿，叫毛猴。所谓毛猴也叫季鸟猴，也就是蝉蜕。这东西本来是药店里的一味药，据说有个药店伙计，心灵手巧，把它做成小猴，像他的老板，于是有了这门手艺。

这些小猴，有下棋的，打球的，拉洋车的，抬轿子的，吹吹打打，各种场面都有，非常好玩。

[1] 呼斯乐《"马流"词源考》。

图1 二里头骨猴

图2 战国猴形鎏金银带钩　山东博物馆藏

出土文物中的猿与猴

1．二里头骨猴 [图1]，河南偃师二里头遗址2002VM6出土，中国社会科学院考古研究所藏。

2．战国猴形鎏金银带钩 [图2]，山东曲阜鲁故城遗址M3出土，山东博物馆藏。

3．战国猴形铜带钩 [图3]，河南汤阴五里岗墓群出土，河南省文物考古研究所发掘。

4．西汉猴形帐钩 [图4]，满城汉墓出土，河北博物院藏。

5．子弹库楚帛书 [图5]，1942年湖南长沙子弹库出土有十二月神。帛书四周有十二月神，其中司夏之神，形象为一只猴子，旁题"虘司夏"，李学勤指出，帛书十二神与《尔雅·释天》十二月名合，六月为且。[1] 虘和且都应读为狙。

----

[1] 李学勤《补论战国题名概述的一些问题》，《文物》1960年7期，67–68页。

图3　战国猴形铜带钩，河南汤阴五里岗墓群出土　　　　图4　西汉猴形帐钩　河北博物院藏

　　6. 武威木猴〔图6〕，甘肃武威磨嘴子汉墓出土，中国国家博物馆藏。

　　7. 黄铜马上猴〔图7〕，新疆昌吉地区出土。这种饰件多发现于北方草原。邢义田结合内地发现，认为可以早到汉代，林梅村认为属于唐代。〔1〕

　　8. 玉猴〔图8〕，新疆和田约特干遗址出土，年代不详，艾尔米塔什博物馆藏。

〔1〕邢义田《"猴与马"造型母题——一个草原与中原艺术交流的古代见证》，收入氏著《画为心生——画像石、画像砖与壁画》，北京：中华书局，2011年，514–544页。林梅村《昌吉古代文明的变迁》《昌吉地区发现的小铜马》，新疆昌吉回族自治州文物局《丝绸之路天山廊道：新疆昌吉古代遗址与馆藏文物精品》，北京：文物出版社，2014年，上册，14–49页；下册，410–413页。

图 5 子弹库楚帛书 : 狙

图 6　甘肃武威汉墓出土木猴　中国国家博物馆藏

图 7-1　新疆昌吉出土黄铜马上猴　昌吉博物馆藏

图 7-2　新疆昌吉出土黄铜马上猴　昌吉博物馆藏

图 8　玉猴　艾尔米塔什博物馆藏

鸡年说鸡

鸡在十二生肖中的位置

十二生肖，今以鸡配酉，放马滩秦简《日书》甲种同。[1] 睡虎地秦简《日书》甲种以水配申，整理者读"雉"。[2] 孔家坡汉简《日书》"水"作"水日"，整理者说，水亦读"雉"。[3] 水是书母微部字，雉是定母脂部字，声韵不同，是否为通假字，值得怀疑。酉配"水日"，或与戌配"老火"对应，不一定就是雉。

三十六禽，除了鸡，还有雉、乌。三者皆属羽虫，雉、鸡关系尤近。放马滩秦简《日书》乙种讲钟律配兽，既有鸡，[4] 也有雉。[5]

鸡与雉

《说文解字·羽部》的羽字是"鸟长毛也"，部中之字多与鸟羽的颜色、长短有关，如翰是"天鸡赤羽也"，翟是"山雉长尾者"，翡是"赤羽雀也"，翠是"青羽雀也"。

羽虫也叫禽，又分属《说文解字·隹（音zhuī）部》和《说文解字·鸟部》。许慎说，隹是"鸟之短尾总名也"，鸟是"长尾禽总名也"。似乎隹、鸟之别只在尾巴长短，但商代甲骨文，鸟字突出其喙，隹字则否，区别主要在喙，不在尾。

〔1〕《天水放马滩秦简》，85页：简39。
〔2〕《睡虎地秦墓竹简》，220页：简78背。
〔3〕《随州孔家坡汉墓简牍》，175页：简376。
〔4〕《天水放马滩秦简》，98页：简216、223。
〔5〕《天水放马滩秦简》，98页：简221。

许慎把雉、雞二字收在《说文解字·隹部》，雞，籀文作“鷄”，既可从隹，也可从鸟。现实世界，鸡是短尾，雉反而是长尾。

雉科（*Phasianidae*）是鸟类动物鸡形目下面的一个科。雉科下分雉、眼斑雉、孔雀、鹑四族。眼斑雉族和孔雀族比较接近，都是长尾大鸟，羽毛华丽，特别是孔雀开屏，鸟类选美肯定排第一。雉族的原鸡、锦鸡、野鸡，体型中等，有些也很漂亮。鹑族的鹌鹑、鹧鸪，体型小，最不起眼。这类动物都不太会飞，要飞也只能飞一小段，主要在地上走，属于陆行的鸟类。

雉科动物包括很多种，鸡是从雉科雉族原鸡属的红原鸡（*Gallus gallus*）驯化。

雉分十四种

雉是野鸡。古书中与野鸡有关的字见于《尔雅·释鸟》和《说文解字·隹部》。

《尔雅·释鸟》：“鸬，诸雉；鹭，舂钽（音chū）；鹞雉；鷮（音jiāo）雉；鳪（音bú）雉；鷩（音bì）雉；秩秩（音yìyì），海雉；鸐（音dí），山雉；雗（音hàn）雉；鵫（音zhuó）雉；雉绝有力，奋；伊洛而南，素质五采皆备成章曰翚（音huī）；江淮而南，青质五采皆备成章曰鹞；南方曰𪂇（音chóu）；东方曰鶅（音zī）；北方曰鵗（音xī）；西方曰鷷（音zūn）。”

《说文解字·隹部》：“雉，有十四种：卢，诸雉；乔雉；鳪雉；鷩雉；秩秩，海雉；翟，山雉；翰雉；卓雉；伊洛而南曰翚；江淮而南曰摇；南方曰𠷎；东方曰甾；北方曰稀；西方曰蹲，从隹矢声。，古文雉从弟。”

后书抄前书，文字略有出入。许慎说的十四种雉，不包括

"鹭，舂钼"，鹝雉与下文摇合并，去"雉绝有力，奋"不数，鹝雉作乔雉，鹝作翟，鶾雉作翰雉，鹝作摇。

《尔雅·释鸟》的头两种，如果仅从字面含义理解，我们很容易认为，鸬即《说文解字·鸟部》的鸬和鹭。《说文解字·鸟部》的鸬是鸬鹚，鸬鹚即鱼鹰。鱼鹰是黑色，鹭是白鹭，颜色相反。但此后面有雉字，恐怕并不是鸬鹚。这三个字，如何断句是问题，一种可能作一句读，一种可能作"鸬，诸雉"，通常采用后一种断句。郭璞注："未详，或云即今雉。"看来他也不知道这是什么鸟，只是含糊其辞，说有人讲了，反正是现在的某种雉。白鹭为什么放在雉中讲，他没说。

上述二书的雉主要是八种，后面六种只是地方种。

据动物学家考证，它们主要属于雉科的鹇（音xián）属、雉属和锦鸡属。[1]

表一：十四种雉

诸雉（鸬）：黑鹇（*Lophura leucomelanos*）	鷕雉：雌鹇（*Lophura*）
鹝雉：长尾雉（*Syrmaticus*）	翚雉：伊洛以南的雉 素质五采皆备成章
鸠雉：雌雉（*Phasianus*）	鹝雉：江淮以南的雉 青质五采皆备成章
鷩雉：红腹锦鸡（*Chrysolophus pictus*）	弓雉：南方的雉
海雉（秩秩）：蓝鹇（*Lophura swinhoii*）	鶅雉：东方的雉
山雉（鸐）：白冠长尾雉（*Phasianus reevesii*）	鷷雉：北方的雉
鶾雉（或翰雉）：白鹇（*Lophura nycthemera*）	鷋雉：西方的雉

红腹锦鸡很漂亮，令人想起凤凰。

[1] 郭郛等《中国古代动物学史》，北京：科学出版社，1999年，98—99、431—435页。

鸡为知时畜

鸡和雉同属雉类，但形象不同。鸡有冠，短尾；雉无冠，长尾。野鸡有野鸡的叫声，家鸡有家鸡的叫声，叫声也不一样。

家鸡，公鸡会打鸣，母鸡会下蛋，古人认为，这是老天的安排。"牝鸡司晨"，典出《书·牧誓》。武王伐纣，有个借口。他说："古人有言曰：'牝鸡无晨。牝鸡之晨，惟家之索。'今商王受，惟妇言是用。"牝鸡司晨，常被用来骂妇女，骂她们不守本分。

《尔雅》讲鸟类，野生类见《释鸟》，家禽类见《释畜》。

《尔雅·释鸟》提到一种天鸡，"鶾（音hàn，同鶾、翰），天鸡。"郭璞注："鶾鸡，赤羽。《逸周书》曰：'文翰，若彩鸡，成王时蜀人献之。'"动物学家说，这种赤羽或彩羽的野鸡可能是一种锦鸡（*Chrysolophus*）。[1]《易·中孚》："翰音登于天。"《礼记·曲礼下》："鸡曰翰音。"鸡的叫声特别响亮，特别悠长。[2]东周钟铭常用"中（终）翰且扬"形容钟声。野鸡比家鸡漂亮，没问题，但是不是比家鸡更能叫，好像不是。

《尔雅·释畜》讲鸡："鸡，大者蜀。蜀子，雓（音yú）。未成鸡，健（音lián）。绝有力，奋。"这是讲家鸡。大鸡叫蜀，疑读独，与大猿叫独同。蜀鸡，也叫鲁鸡，不是成王时蜀人献的鸡，而是山东的鸡，个头比较大。这种大鸡产下的雏鸡叫雓，没有长成叫健，其中强有力者叫奋，就像雉绝有力者也叫奋。另外，《释畜》讲六畜之大者，有"鸡三尺为鶤（音yùn）"说。鶤即鹍（音kūn）鸡。鹍鸡是一种用来斗鸡的大鸡。

许慎也提到这几种鸡。

---

[1] 郭郛等《中国古代动物学史》，95页。
[2] 《尔雅·释虫》："鶾（音hàn），天鸡。"也把叫声响亮的昆虫叫天鸡。这种天鸡是纺织娘（*Mecopoda elongata*）。

《说文解字·羽部》："翰，天鸡，赤羽也，从羽倝声。《逸周书》曰：'大〈文〉翰若翚雉。'一名鶾风，周成王时，蜀人献之。"引文见《逸周书·王会》，作"蜀人以文翰，文翰者，若皋鸡。"前人认为，许慎的引文并不准确，鶾风是凤，与天鸡无关。

《说文解字·佳部》："雞，知时畜也。从佳奚声。𪅂，籀文雞从鸟。"

《说文解字·鸟部》："鶤，鶤鸡也。从鸟军声，读若运。"

一唱雄鸡天下白

《诗·郑风·风雨》："风雨如晦，鸡鸣不已。既见君子，云胡不喜。"徐悲鸿有一幅画就是图解这首诗，诗意是盼望天亮。

天亮了，人们会打开门窗，迎接新的一天。据说，鸡与门户有关。《风俗通义》卷八：

> 俗说：鸡鸣将旦，为人起居。门亦昏闭晨开，捍难守固。礼贵报功，故门户用鸡也。
> 《青史子书》说："鸡者，东方之牲也。岁终更始，辨秩东作，万物触户而出，故以鸡祀祭也。"
> 太史丞邓平说："腊者，所以迎刑送德也。大寒至，常恐阴胜，故以戌日腊。戌者，温气也，用其气日杀鸡以谢刑德。雄著门，雌著户，以和阴阳，调寒配水，节风雨也。"

李贺有诗，"雄鸡一声天下白"（《致酒行》）。

毛泽东有词，"一唱雄鸡天下白"（《浣溪沙·和柳亚子先生》）。

雄鸡是报时鸟。

鸡与凤

凤是四灵之一，属于瑞兽。瑞兽是想象的动物。想象的动物是用各种动物拼凑，原型是什么？

《尔雅·释鸟》："鶠，凤。其雌皇（凰）。"鸟，雌雄差异大，雄鸟通常冠羽华丽，雌鸟逊色很多。古之所谓凤凰，也是如此。商代甲骨文，只有凤，没有凰，但《诗·大雅·卷阿》有"凤凰于飞"。

《说文解字·鸟部》有四种神鸟。

一是凤凰，雄曰凤，雌曰凰。许慎说："凤，神鸟也。天老曰：'凤之象也，鸿前麐（麟）后，蛇颈鱼尾，鹳颡鸳思（腮），龙文虎背，燕颔鸡喙，五色备举，出于东方君子之国，翱翔四海之外，过昆仑，饮砥柱，濯羽弱水，莫（暮）宿风〈丹〉穴，见则天下大安宁。'从鸟凡声。𠤑，古文凤，象形。凤飞，群鸟从以万数，故以为朋党字。𠤑，亦古文凤。"[1] 又下文"鶠，鸟也。其雌皇（凰）。从鸟匽声，一曰凤皇（凰）也。"与《尔雅》略同。

二是鸾鸟。许慎说："鸾，亦神灵之精也。赤色五采（彩），鸡形，鸣中五音，颂声作则至，从鸟䜌声，周成王时氐羌献鸾鸟。"鸾鸟也叫鸾凤。

三是鸑鷟（音yuè zhuó），即凤鸣岐山的凤凰。许慎说："鸑鷟，凤属，神鸟也。从鸟狱声。《春秋国语》曰：周之兴也，鸑鷟鸣于岐山。江中有鸑鷟，似凫而大，赤目。""鷟，鸑也。从鸟族声。""江中有鸑鷟，似凫而大，赤目"，是另一种鸟。

---

[1] 天老，相传为黄帝臣，《汉书·艺文志·方技略》有《天老杂子阴道》。其书久佚，许慎引其佚说，谓凤的形象糅合了各种动物的特点。他说，凤字的古文被借作朋党的朋字，不确。朋党的朋字是借十贝为朋的朋字，并非凤字。《广雅·释鸟》："凤凰，鸡头燕颔，蛇颈鸿身，鱼尾骈翼。五色以文：首文曰德，翼文曰顺，背文曰义，腹文曰信，膺文曰仁。雄鸣曰即即，雌鸣曰足足，昏鸣曰固常，晨鸣曰发明，昼鸣曰保长，举鸣曰上翔，集鸣曰归昌。"也是讲凤的形象糅合了各种动物的特点。

四是鹔鷞（音sù shuāng），为西方神鸟，与凤凰类似。许慎说："鹔，鷞也。五方神鸟也。东方发明，南方焦明，西方鹔鷞，北方幽昌，中央凤皇。从鸟肃声。𪄆，司马相如说从叜声。""鷞，鹔也。从鸟霜声。"

郭郛说："凤凰，极乐鸟科（*Paradisaeidae*）中种类，有时以雉类（*Phasianus*）为原型的神话中鸟。"[1]

极乐鸟，也叫天堂鸟，羽毛非常华丽。但这种鸟主要分布于新几内亚和澳大利亚一带的小岛上，离中国太远。凤凰不可能是这种鸟。

《淮南子·览冥》："过归雁于碣石，轶鹔鸡于姑余。"高诱注："鹔鸡，凤皇之别名。"

《太平御览》卷九一五："徐整《正历》曰：黄帝之时，以凤为鸡。"

上文许慎也说，鸾鸟是"赤色五采（彩），鸡形"。

我认为，凤凰的原型恐怕是雉科动物。雉科动物包括孔雀、野鸡、原鸡、家鸡，凤凰首先是这类动物的综合。

西方艺术崇尚力量，鹰隼、狮子、公牛最重要。凤凰，千变万化，始终以音声和美、文彩华丽为象征，与鹰隼类的猛禽完全不一样。

凤是候风鸟

中国古代数术有所谓风角、鸟情。风角是以风向变换和风力大小断吉凶，鸟情是以鸟的行为表现断吉凶，两者是结合在一起。

风角之术与古人对四方风的观测有关，可以向上追溯到商代的甲骨文。术家所谓八风是四方风的进一步细分。

鸟情之术也很古老，如《书·高宗肜日》提到野鸡飞到鼎耳

---

[1] 郭郛等《中国古代动物学史》，44页。

上叫，[1] 当时以为不祥，就是目前所见年代最早的鸟情占。《左传》庄公二十八年、僖公十六年、襄公十八年也提到这类占卜。

商代甲骨文，通常当风字用。后世凤、风分化，凤字从鸟凡声，风字从虫凡声，才变成两个字。

古代历法与分至启闭的确定有关，分至启闭的确定应与风角鸟情有关。《左传》昭公十七年讲少皞氏以鸟名官，郯子说："我高祖少皞挚之立也，凤鸟适至，故纪于鸟，为鸟师而鸟名。凤鸟氏，历正也；玄鸟氏，司分者也；伯赵氏，司至者也；青鸟氏，司启者也；丹鸟氏，司闭者也。祝鸠氏，司徒也；鴡鸠氏，司马也；鸤鸠氏，司空也；爽鸠氏，司寇也；鹘鸠氏，司事也。五鸠，鸠民者也。五雉，为五工正，利器用、正度量，夷民者也。"原文讲得很清楚，凤鸟氏是管历法，历法是靠鸟情。

《易传·说卦》以动物配卦，巽卦所配为鸡。《汉书·五行传上》："于《易》，'巽'为鸡，鸡有冠距文武之貌。"巽卦代表风。

世界各国常于屋顶树风向标，以鸡、鸟为饰。中国古代建筑，也有类似习俗。如汉魏宫阙常以金凤、铜雀为候风设备。[2] 今山西

---

[1]《书·高宗肜日》："高宗肜（音róng）日，越有雊（音gòu）雉。"《书序》："高宗祭成汤，有飞雉升鼎耳而雊。"《说文解字·隹部》："雊，雄雌（雊）鸣也。雷始动，雉鸣而雊其颈。从隹从句，句亦声。"

[2] 汉长安城的建章宫、玉堂殿、灵台有这类设施。《三辅黄图》卷二："（建章宫）宫之正门曰阊阖，高二十五丈，亦曰璧门。左凤阙，高二十五丈。右神明台，门内北起别风阙，高五十丈……《三辅旧事》云：'建章宫周回三十里。东起别风阙，高二十五丈，乘高以望远。又于宫门北起圆阙，高二十五丈，上有铜凤凰，赤眉贼坏之。'……古歌云：'长安城西有双阙，上有双铜雀，一鸣五谷生，再鸣五谷熟。'"按铜雀，即铜凤凰也。杨震《关辅古语》云："长安民俗谓凤凰阙为贞女楼。《汉书》曰：'建章宫南有玉堂，璧门三层，台高三十丈，玉堂内殿十二门，阶陛皆玉为之。铸铜凤高五尺，饰黄金栖屋上，下有转枢，向风若翔，椽首薄以璧玉，因曰璧门。'"卷五："汉灵台，在长安西北八里。汉始曰清台，本为候者观阴阳天文之变，更名曰灵台。郭延生《述征记》曰：'长安宫南有灵台，高十五仞，上有浑仪，张衡所制。又有相风铜乌，遇风乃动。一曰：长安灵台，上有相风铜乌，千里风至，此鸟乃动。又有铜表，高八尺，长一丈三尺，广尺二寸，题云太初四年造。'"曹魏邺城的金凤台、铜雀台也有类似设施。

浑源圆觉寺塔，塔顶有可以转动的凤凰，就是做风向标用。[1]

《楚辞·怀沙》："凤皇在笯（音nú）兮，鸡鹜翔舞。"意思是说，凤凰关在鸟笼里，任凭鸡、鹜飞舞。今语云"凤凰落架不如鸡"，凤凰是神鸟，鸡、鹜没法比，但凤凰的想象跟鸡、鹜还确实有关。

杀鸡给猴看

《官场现形记》第五十三回："俗语说得好，叫做'杀鸡骇猴'，拿鸡子宰了，那猴儿自然害怕。"

十二生肖，猴和鸡正好挨着。

出土文物中的鸡

商周铜器不乏鸟纹，有些尖喙，有些钩喙，往往夸张其冠尾，很难判断是现实中的哪种鸟。这些鸟纹，不太像雉科动物。雉科动物，只有鸡，偶尔发现，如四川三星堆2号坑出土过一件商代雄鸡饰件［图1］。此器原来可能装在某种家具上。

鸡，汉代常见，有公有母，与现实的鸡很像。如满城汉墓1号墓（刘胜墓）出土过一件雄鸡杖首［图2］，有冠，可知是公鸡。汉墓出土陶器，六畜多有，鸡也很常见。如山东高唐县固河村出土汉代绿釉陶公鸡［图3］。

〔1〕王其亨《浑源圆觉寺塔及古代候风鸟实物》，《文物》1987年11期，63—64页。

图1　商代雄鸡饰件　二星堆博物馆藏　　　　图2　汉代雄鸡杖首　河北博物院藏　　　　图3　汉代绿釉陶公鸡　山东博物馆藏

比较：出土文物中的孔雀

　　孔雀是雉科动物，与鸡、雉关系最近，但孔雀生活于热带、亚热带，北方看不到，对生活在中原的人来说，相当稀罕，属珍禽异兽之类。《汉书·西南夷两粤朝鲜传》载，汉文帝时，南越王赵佗献"孔雀二双"，是今两广所出。《后汉书·南蛮西南夷列传》载，汉武帝并昆明，滇地"河土平敞，多出鹦鹉、孔雀"，则是今云南所出。

　　滇国铜器有孔雀，如：

　　1. 云南昆明羊甫头113号墓出土的所谓"铜瓠"，上面就以孔雀为装饰〔图4〕。

　　2. 云南江川李家山51号墓出土的鎏金孔雀铜马珂，上面也是孔雀纹〔图5〕。

　　另外，保利艺术博物馆藏铜尊，从纹饰看，似是两广一带的器物，盖顶也有孔雀饰〔图6〕。

图4 滇国铜器上的孔雀
云南省文物考古研究所藏

图5 鎏金孔雀铜马珂
云南江川李家山考古工作站藏

图6 汉代铜尊盖上的孔雀 保利艺术博物馆藏

比较：出土文物中的凤鸟

商代甲骨文中的凤字〔图7〕，头上有辛字形高冠和孔雀式长尾。

西周中期，鸟纹发展为凤纹。西周中期流行垂冠大鸟纹〔图8〕，就是当时的凤纹。

出土文物中的凤，可以举两个例子。

1．海昏侯墓出土西汉鎏金铜当卢〔图9〕，上有凤鸟纹，鸟冠分叉，类似西周大鸟纹。

2．西安市未央区文景路枣园汉墓出土西汉鎏金铜钟〔图10〕，器盖有凤鸟饰。凤鸟的形象类似鸡。

3．洛阳出土汉代墓砖上的凤鸟纹〔图11〕，既像孔雀，又像鸡。

中国晚期的凤凰形象，也可以举两个例子。

1．北京颐和园耶律铸墓出土的陶凤凰〔图12〕。

2．颐和园仁寿殿前的铜凤凰〔图13〕。

前者像鸡，后者像孔雀。

图7　商代甲骨文的凤字

图8　西周中期铜器上的凤纹

图 9　海昏侯墓出土西汉鎏金铜当卢上的凤鸟纹

图 10　西汉鎏金铜钟上的凤鸟　西安博物院藏

图 11　汉代墓砖上的凤鸟纹

图 12　颐和园耶律铸墓出土陶凤凰　首都博物馆藏

图 13　颐和园仁寿殿前的铜凤凰

狗年说狗

狗在十二生肖中的位置

十二生肖，今以狗配戌，放马滩秦简《日书》甲种狗作犬。[1]六畜五牲，皆称犬，不称狗。[2]睡虎地秦简《日书》甲种以老羊配戌，下接"盗者赤色"。[3]或说，老羊即犬之异名。[4]但孔家坡汉简《日书》以老火配戌，下接"盗者赤色"，与睡虎地秦简《日书》甲种同。[5]我怀疑，"老羊"为"老火"之误，"老火"与"水日"正好相对。

三十六禽，狗与豺、狼并列，三者确实有亲缘关系。《五行大义·论三十六禽》以未为老木，戌为死火。疑"死火"即简文"老火"。放马滩秦简《日书》乙种讲钟律配兽，只有犬，[6]没有狗，豺两见。[7]

狗与犬

犬与狗，含义相通，混言无别。如果非说有什么差别，那也只在大小，即大者为犬，小者为狗，如《礼记·曲礼下》"效犬者左

〔1〕《天水放马滩秦简》，85页：简40。
〔2〕睡虎地秦简《日书》乙种讲六畜良日，简文有犬良日，见《睡虎地秦墓竹简》，235页：简74壹。
〔3〕《睡虎地秦墓竹简》，220页：简79背。
〔4〕饶宗颐《云梦秦简日书研究》，收入《楚地出土文献三种研究》，北京：中华书局，1993年，405—441页。
〔5〕《随州孔家坡汉墓简牍》，175页：简377。
〔6〕《天水放马滩秦简》，99页：简236。
〔7〕《天水放马滩秦简》，99页：简213、214。

牵之"孔颖达疏就是这样讲。这个大小不是指形体大小，而是指狗龄大小，成年未成年。小犬叫狗，正如小马叫驹，熊虎之子叫狗或豿（读音同狗）。[1]

《尔雅·释畜》："犬生三，猣（音 zōng）；二，师；一，玂（音 qí）；未成毫，狗。"意思是说，犬生小犬，一胎三只叫猣，两只叫师，一只叫玂，未成年没有细毛叫狗。小犬为狗的说法，根据在这里。

《说文解字·犬部》："犬，狗之有县（悬）蹏（蹄）者也，象形。孔子曰：视犬之字如画狗也。"此书与《尔雅》不同，侧重讲文字。读者乍读这段话，可能会误解，以为犬是狗的一种。

悬蹄，有多种含义。如《南齐书·乐志》引《俳歌》"马无悬蹄，牛无上齿"，《齐民要术》卷六讲相牛，"悬蹄欲得横（注：'如八字也'）"，悬蹄指偶蹄；《神农本草经》等本草书，则以悬蹄泛指牛、猪的蹄甲。

或说，许慎所谓"犬，狗之有悬蹄者也"，意思是说狗比犬多出一对脚趾，"十八个脚趾的为狗，二十个脚趾的为犬。犬在后腿上比狗多两个不着地的脚趾，名曰'后撩儿'"，以犬为狗之一种。[2]这种说法恐怕不对。我理解，许慎以犬、狗互训，并非把犬当作多出一对脚趾的狗，或以犬为偶蹄犬。相反他是说，这个字是象形字，如孔子所言，好像画狗。所谓悬蹄，指这个字的右上一笔像狗抬起一条腿（狗撒尿时会抬起一条腿），就像他把豕字的右上一笔当作撅起的猪尾巴（详下篇）。总之，这是讲字形，与真狗长什么样，有没有后撩儿无关。虽然，许慎讲动物类的部首，一律从小篆立说，未必符合古文字的原始字形（如商代甲骨文），但他讲象形字的体例大体如此。

[1]《说文解字·马部》："马二岁曰驹……"《尔雅·释兽》："熊虎醜，其子狗。"释文狗作豿。段玉裁《说文解字注》已指出这一点。
[2] 王世襄《锦灰堆》，北京：生活·读书·新知 三联书店，1999年，贰卷，642页。

《说文解字·犬部》："狗，孔子曰：狗，叩也。叩气吠以守，从犬句声。"这是采用音训。狗是见母侯部字，叩是溪母侯部字，古音相近。这段话是接着上面那段话，孔子的话可能出自同书（其书无考）。[1] 许慎对狗字的解释，大意是说，狗吠是靠嘴巴一开一合，上下相扣，用这种方法吓唬人，为主人看门。

犬是独体象形字，许慎的解释侧重字形。狗是形声字，许慎的解释偏重字音。

犬是部首，从犬的字很多，显然是狗类动物的总名（其他动物类的部首也如此）。狗字从犬句声，只是犬部诸字之一，显然是专名。

《庄子·天下》说惠施之辩有所谓"狗非犬"论。"狗非犬"属于解构，把专名和共名拆开，类似公孙龙的"白马非马"论。这也可以证明，狗是专名，犬是共名。

狗与狼

狗是犬科动物(Canidae)。犬科包括犬亚科、薮犬亚科和狐亚科。

犬亚科包括通常说的狗和狼。

薮犬亚科包括通常说的豺，以及非洲鬣狗、南美森林犬（薮犬）。

狐亚科包括通常说的狐、貉。

狗即家犬（*Canis lupus familiari*）。家犬是由灰狼驯化而来。人类把狼驯化成狗，比其他动物都早，距今多少年，说法不一，至少在一万年以上。

狼跟狗不同。狼的耳朵是立着的，不会耷拉着；尾巴是拖地走，不会朝上卷。狼常于深夜对月长嚎，狗不会这么叫，只会对生

---

[1]《礼记·檀弓下》提到"仲尼之畜狗死，使子贡埋之"，未及此。

人汪汪叫。

鲁迅经常提到狼，如"忽然，他流下泪来了，接着就失声，立刻又变成长嚎，像一匹受伤的狼，当深夜在旷野中嗥叫，惨伤里夹杂着愤怒和悲哀"(《彷徨》)。有些研究者说，他很像一匹孤独的狼，但狼并不孤独。

狼是群居动物，与人有很多共同点。其捕食策略对人很有启发。人用狗打猎，正是发挥它的特长，难怪会走到一块儿。

狗与野狗

这里说的野狗不是今流浪狗（*Dedomesticatio*）。今流浪狗是无意走失或被主人抛弃的家犬。

非洲野狗（*Lycaon pictus*）是非洲的一种野狗。这种野狗属于犬科动物薮犬亚科非洲野犬属的一种豺狗，与狼和家犬不是一个科。

澳洲野狗（*Canis lupus dingo*），据说是 3500–10000 年前被早期人类从亚洲带到澳大利亚，重新被野化的家犬。这种野狗属于犬科动物犬亚科犬属的灰狼亚种，与家犬的关系倒是非常近，外形也相似。

狗是从狼驯化，而不是从这两种野狗驯化。

狗与猫

猫科动物和犬科动物都是食肉动物，天生好斗。它们在野外相遇，难免龇牙咧嘴、吹胡子瞪眼，彼此充满敌意。

猫、狗都是人类驯养，但性格不同，跟人的关系不一样。猫科动物比犬科动物更难于驯化。有人说，猫不如狗听话，就是到现在也没有完全驯化。

我养过猫，不止一次。它是哪儿有吃喝上哪儿，哪儿暖和上哪儿。

猫养在屋里，除了夜间抓老鼠，总是养尊处优，卧在什么地方打盹，对人爱搭不理。[1] 狗的任务是看大门，守在门外边，出来进去，总是围着主人团团转，摇尾乞怜。

奥威尔笔下的老猫，是二流子和落后分子的象征，好吃懒做，不劳动，经常逃会，干事的时候瞅不见，有便宜可占、有好处可捞，它才积极报名。

人们常说，猫见不得狗，狗见不得猫，这是讲从前。

现在，狗已全面接轨国际化，离开农村，进城落户，不是高楼大厦，就是豪华别墅，登堂入室，跟人住一块儿。狗是家庭成员，有身份证。衣食住行，吃喝拉撒睡，人有什么，狗有什么。狗出门，人跟在狗的屁股后面，屁颠屁颠儿，一路捡狗屎。狗的全套服务已经形成完整产业链，如美容店、狗旅馆、狗医院、狗墓地，生老病死，全都提供服务。美国狗还可继承巨额遗产，中国要不要跟进？

这种狗已经越来越不像狗，更像玩偶，供人消愁解闷寻开心。孤独寂寞、晚境凄凉的人越来越依赖猫狗，这是现代病。猫狗是他们的心理医生。

现在，猫不抓耗子，狗不管看门，全都变成宠物。

宠物是废物，武功全废，只会讨好人。

人就爱这种废物，不会说话，听人摆布。

---

[1] 北大校园中有流浪猫。去年冬天，雪后的未名湖，湖心冰面上卧着一只猫，让我好生奇怪。

流浪狗与流浪猫

人驯化动物，也驯化自己。人驯化人叫训练或教育。动物也会教育它们的孩子，教它们生存技能，追击或逃跑。

人从父母身边走向社会，就像动物教它们的孩子走向山林草莽。

古代的冠礼（成丁礼）是训练年轻人当战士。孔子说，"以不教民战，是谓弃之"（《论语·子路》）。

流浪狗与流浪猫是被人抛弃的狗和猫。为什么被人抛弃，原因很多。

有的是不小心丢了。

有的是主人死了，没人养了。

有的是老了，病了，玩腻了，不新鲜了。

有的是过于名贵，砸钱太多，养不起就不养了。

这不是经过野化训练自然而然的放归，而是剥夺其生存技能于先，甩给杀机四伏的大自然于后。就像失职的父母，先是娇生惯养，百依百顺，要星星不给月亮，然后把他们投入充满残酷竞争的当代社会，让不能适应社会的孩子，一辈子当啃老族。

不仅猫有流浪猫，狗有流浪狗，人也有流浪汉。

美国的流浪汉叫homeless，意思是无家可归者。

孔子曾自嘲，说自己无家可归，有如"丧家狗"。

我说，凡是怀抱理想而失去精神家园的人都像"丧家狗"。

人类制造的狗世界

人类按自己的想象塑造了狗，高的高，矮的矮，胖的胖，瘦的瘦，大的像头驴，小的像只猫，千奇百怪。

柴尔德说的新石器革命是广义的农业革命，人类学会养牲口、种庄稼是人类生活的伟大转折。但同属新石器革命，生态条件不同，靠山吃山，靠水吃水，农、林、牧、副、渔，比重不同，人们对六畜的态度也不太一样。

狗的驯化，最早在亚洲。中国很早就驯化狗，但中国最不拿狗当东西，对狗的尊重远不如欧洲。欧洲人爱打猎，畜牧业的背景比我们深。他们对狗的热爱远远超过中国。中国最重种植业，太爱吃粮食，太爱吃猪肉，太爱用狗骂人。

狗的第一用途是打猎，[1] 其次是牧羊，再次是看门。因纽特人还用雪橇犬拉雪橇。

我们看重的主要是看门。狗不看门，下场很惨。屠狗是很古老的营生。

人用狗骂人，等于骂自己

六畜之中，猪、狗挨骂最多，尤其是狗。如"猪狗不如""狗东西"就是最常见的骂人话。

人骂猪，主要是骂它脏，骂它蠢，骂它好吃懒做。但它吃什么东西，住什么地方，怎么活法，怎么死法，全都是人类安排好的。

人骂狗，如"狗急跳墙""狗眼看人低""狗改不了吃屎""狗咬狗，一嘴毛""狗咬吕洞宾，不识好人心"。这些都是轻的。

人看不起狗，反而是它的忠诚。就像主子看不起奴才。

奥威尔的《动物农场》，九条巨犬（nine enormous dogs）是影

---

[1] 古书中与打猎有关的字多从犬，如《说文解字·犬部》的玁（音xiǎn，同狝）、猎、獠（音liáo）、狩、臭、获等字。

射苏联的秘密警察，负面形象仅次于拿破仑猪。

狗对人，忠心耿耿，死心塌地。但人对狗，却是"狡兔死，走狗烹"（《史记·越王勾践世家》）。

其实，猪、狗是人所驯养，人按自己的需要塑造了它们，把它们改造得面目全非，却又不满意自己的作品。人用猪、狗骂人，等于骂自己。

狛犬

日文有个词，叫狛犬（こまいぬ，koma inu）。狛同貊，[1] 即濊貊（音huì mò）之貊，指高丽。koma是高丽，inu是犬。

高丽式狛犬 [图1] 是看门石狮，跟中国的石狮大同小异。

狮子，原产非洲，北传西亚、南亚。用石狮为神庙、宫殿、陵墓看大门，本来是西方艺术的传统，现在是世界性的文化遗产，到处都有。[2]

中国没有狮子，但汉以来西域各国不断向中国进贡狮子，从此，不但用石狮守门传入中国，舞狮也随佛教从西域传入中国。中国的石狮是从西亚传中亚，中亚传中国。日本的石狮是从中国传朝鲜，朝鲜传日本。

狮子叫狛犬，原因在于，狮子的形象越来越像看门狗。这种狗化狮，公元前7世纪在埃及已有先例，萨珊时期的波斯，卷发狮和狗化狮逐渐流行开来，唐以来，中国的狮子造型越来越像看门狗 [图2]，有些甚至像猫 [图3]。

---

[1] 狛（音pò）字见《说文解字·犬部》，指牧羊犬。许慎的解释是"狛，如狼，善驱羊。从犬白声，读若檗（柏）。宁严读之若浅泊（洦）"。
[2] 李零《"国际动物"：中国艺术中的狮虎形象》，收入氏著《万变》，北京：生活·读书·新知 三联书店，2016年，329—387页。

图1　狛犬　首尔景福宫光化门外

大营子娃娃小营子狗

我养过狗。我有一篇文章《大营子娃娃小营子狗》，讲我养的狗。[1] 贫下中农，我们的老师说：大营子娃娃小营子狗，娃娃是大村子厉害，狗是小村子厉害。这话充满哲理。

我讲的狗故事是发生在农村。

现在的狗故事已经转到城里。

再大的村子也比不了城市。

在那篇文章里，我提到过一个美国老太太，她到过长沙，写过长沙，她问我，为什么中国不让在城里养狗。

如今，她该高兴了。养狗之风席卷中国。中国的改革开放，连狗都不会落下。它们已大举进城，住进高楼大厦，电梯上下，出没于各个小区的绿地花园。

狗已经变成狗文化。

---

[1] 李零《大营子娃娃小营子狗》，收入氏著《花间一壶酒》，太原：山西人民出版社，2013年，306—317页。

图2　唐代狗化狮　陕西历史博物馆藏　　　　图3　唐代狮镇　安徽博物院藏

大家说，狗之用可谓大矣。狗不仅是家庭成员，也是军队和警队的成员，狗可导盲，狗可搜救，狗可缉毒，狗可诊病，狗是很多小说和影视作品的主角……

狗世界折射着人世界。

出土文物中的狗

1. 中山王墓杂殉坑出土过两副狗骨架 [图4]，估计是中山王的猎犬。报告称，这两只猎犬，一只身长87厘米，高62厘米；一只身长90厘米，高65.5厘米。两只狗，后胯下有阴茎骨，年龄在7岁左右。它们的脖子上有金银管串成的项圈和系绳的铜环。可惜骨架遭损毁，今已无存，只留下项圈 [图5]。[1] 我曾把照片寄给动物考古

[1] 河北省文物研究所编《䃜墓：战国中山国国王之墓》，北京：文物出版社，1996年，94—95页；东京国立博物馆等《中山王国文物展》，东京：日本经济新闻社，1981年，单色图版36。

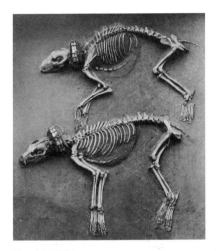

图4　中山王墓狗犬

图5　中山王墓狗犬的包金银项圈　河北博物院藏

学家安家瑗，向她请教这是什么狗。她说，目前关于狗的体型并无确定标准，有人分为五种：超小型犬，肩高不超过25厘米，体重不超过4公斤（如约克夏、吉娃娃）；小型犬，肩高不超过40厘米，体重不超过10公斤（如蝴蝶犬、北京犬、西施犬）；中型犬，肩高在41—60厘米，体重在11—30公斤（如松狮犬、斗牛犬、拳狮犬）；大型犬，肩高在61—70厘米，体重在31—40公斤（如德牧、秋田、拉布拉多）；超大型犬，肩高超过71厘米，体重超过41公斤（如藏獒、圣伯纳、大丹犬、纽芬兰犬）。这两只狗从报告尺寸看，属于大型犬。

2．汉以来的墓葬，常以表现六畜的陶器或釉陶器随葬。狗的形象，经常出现。有些像狼狗，支棱着耳朵；有些是普通的土狗，耷拉着耳朵。有些是大犬，有些是小犬。姿态或立或蹲或卧，有些还仰首狂吠。如山东高唐县固河村出土、山东博物馆藏汉代绿釉陶狗［图6］是一只大狼狗，而陕西历史博物馆藏所谓鎏金虎镇，则像一只侧卧的小土狗〔图7〕。仰首狂吠的狗，有广东省博物馆藏绿釉陶吠犬〔图8〕。但我更喜欢，还是安徽博物院藏绿釉小狗〔图9〕。这是名副其实的狗。

图6　汉代绿釉陶狗　山东博物馆藏

图7　汉代鎏金小狗　陕西历史博物馆藏

图8　汉代绿釉陶吠犬　广东省博物馆藏

图9　汉代绿釉陶小狗　安徽博物院藏

猪年说猪

猪在十二生肖中的位置

十二生肖，亥位配猪，放马滩秦简《日书》甲种、睡虎地秦简《日书》甲种、孔家坡汉简《日书》猪作豕。[1] 六畜五牲，皆称豕，不称猪。[2] 今十二生肖以猪代豕，类似上文以鸡代雉，以狗代犬。猪、鸡、狗都是更通俗的名称。

三十六禽，以豕、豚配猪，三者属于同类。

猪与豕

古书与豕有关的字很多。《说文解字》有豕部，以及从豕部派生的彑（音yì）部、彑（音jì）部和豚部。

豕部有22字，豕是第一字，豬（同猪）是第二字。

许慎对这两个字的解释是：

豕，彘也。竭（揭）其尾，故谓之豕，象毛足而后有尾，读与豨同。按今世字误，以豕为彘（彖），以彘（彖）为豕，何以明之？为啄〈喙〉、琢〈瑑〉从豕，蠡〈蠡〉从彘〈彖〉，

[1]《天水放马滩秦简》，98页：简222；《睡虎地秦墓竹简》，220页：简80背；《随州孔家坡汉墓简牍》，175页：简378。

[2] 睡虎地秦简《日书》乙种讲六畜良日，简文有猪良日，见《睡虎地秦墓竹简》，235页：简73。

皆取其声，以是明之。凡豕之属皆从豕，丏，古文。[1]

　　豬，豕而三毛丛居者。从豕者声。

　　许慎对豕字的解说比较长。"按今世字误"以上和"以是明之"以下是许慎的话。中间的按语，徐铉说"此语未详，或后人所加"。

　　许慎说，"豕，彘也"，"彘，豕也"（在互部），属于互训。这是讲豕字的字义，等于说豕是野猪，野猪是豕。

　　许慎说，"竭（揭）其尾，故谓之豕，象毛足而后有尾"。这是讲豕字的字形。商代甲骨文的豕字，首身足尾俱全，小篆的写法有点变形。许慎据小篆字形为说，以一为首，左边四笔象四足，右边一笔象撅起的尾巴。

　　许慎说，"读与豨同"，意思是说，豕与豨（音xī）古音相同。这是讲豕字的读音。豕部下文"豨，古有封豨脩（修）虵（蛇）之害"，语本《淮南子·本经》。"封豨脩虵"，他书豨或作豕，如《左传》定公四年"吴为封豕长蛇"。

　　按语，主要讲错别字，这段话是否为后人所加，一直有争论。"今世"，如为许慎语，当为东汉，否则为东汉后、徐铉前的某一时期。当时人写错别字，不但把希、彖、象写成豕，而且与豖混淆，或把喙（音huì）、瑑（音zhuàn）的右旁写成豕，读成豕；或把蠡字的上半写成豕，读成豕。

---

[1] 段玉裁《说文解字注》对这段话有三处修改：一是"象毛足而后有尾"改"象头四足而后有尾"，二是"以豕为彘，以彘为豕"改"以豕为彖，以彖为象"，三是"为象、啄从豕，琢从彘"改"为啄、琢从豕，蠡从彖"。案：《说文解字》有三个字字形相近，容易混淆，一个是希字（音yì），许慎的解释是"脩豪兽，一曰河内名豕也"，久废不用；一个是彖字（音chì），许慎的解释是"豕也"，乃豕字的异体，也久废不用；一个是彖字（音tuàn），许慎的解释是"豕走也"，与猭（音chuàn，意思是兽走）、貒（音tuàn，亦作猯，意思是野猪）二字有关，《易传》用为占断术语。这三个字作声旁，写法逐渐混同，皆作彖。我理解，这里发生混淆，主要在豕、象之间，与段玉裁的理解不太一样。

古文豕，写法同亥，古人常把这两个字弄混，即成语所谓"鲁鱼亥豕"。

许慎对猪字的解说比较短。段玉裁《说文解字注》："三毛丛居者，谓一孔生三毛也，说见苏颂《本艸图经》犀下"，恐怕不对。《左传》定公十四年"艾豭"，释文引《字林》以三毛聚居者为艾。桂馥、王筠以为"三毛丛居"是释豵字，并非猪字，但艾豭亦猪，毛孔应当相同。这都是从书本到书本。其实，我们只要观察一下猪皮，这个问题并不复杂。"豕而三毛丛居者"是讲猪皮上的毛孔分布。猪皮上的毛孔是三孔一组，如品字形。

豕、彘互训，这两个字有什么区别？

豕见商代甲骨文，是个象形字。彘见商代甲骨文，象中箭之豕。中箭之豕，当然是野猪了，没有问题。豕不太一样。豕是猪科动物的泛称，可以兼指野猪、家猪，但豕的本义应该是野猪，代指家猪反而是后起。如汉初"窦太后好老子书，召辕固生问老子书。固曰：'此是家人言耳。'太后怒曰：'安得司空城旦书乎？'乃使固入圈刺豕。景帝知太后怒而固直言无罪，乃假固利兵，下圈刺豕，正中其心，一刺，豕应手而倒"（《史记·儒林列传》），其事若李禹（李广孙）下圈刺虎。当时的豕圈、虎圈，都是皇家苑囿，类似今野生动物园。辕固生刺豕，肯定是刺野猪。如果是家猪，算什么惩罚？

猪，本作豬，早期未见，战国楚简始见之。猪是家猪的专名。这个字，早期古书多用为潴。如《书·禹贡》"大野既猪"，《周礼·地官·稻人》"以猪畜水"，《礼记·檀弓下》"洿其宫而猪焉"，《左传》襄公二十五年"规偃猪"，都是借猪为潴，指蓄水为池泽沟洫。当家畜讲的猪，见《左传》定公十四年、《墨子·亲士》、《管子·地员》和《荀子》的《荣辱》《正论》。这种用法的猪应与潴字有关。潴，意思是积水潴留。猪圈正是屎尿潴留处。[1] 我猜，其名应与这一概念有关。

猪，本来是野生动物，天作房，地作炕，随遇而安。它们经驯化，改住猪圈，不但跟人厕不分，自己就住在屎尿之中。人骂猪脏以此。

猪睡在低湿之地，容易生病，屎尿攒多了，要定期出圈，用柴草垫圈。垫圈的柴草，古人叫橧（音céng）。

现代养猪场，猪舍内要划出排粪区，挖沟排屎尿，或铺设缝隙地板。这跟人类住宅要解决厕所问题是一个道理。

许慎对猪科动物的分类

《说文解字·豕部》，猪字和猪字以下的字大多与家猪有关。如公猪叫豭（音jiā），母猪叫豝（音bā），小猪叫豰（音bó），三个月大的小猪叫豯（音xī），半岁或一岁大的小猪叫豵（音zōng），劁（音qiāo）过的猪叫豶（音fén）、豴（音wéi）。[2]

希部有五字，包括豪（豪）、彚（彙），二字皆从彑。前者即豪猪（*Hystrix*），后者即刺猬（*Erinaceinae*），与猪无关。古人认为，这两种动物跟猪有点像，身上都有刺，但豪猪是啮齿目豪猪科动物，刺猬是猬形目猬科动物，与猪科动物不同。

彑部有五字，彑是第一字，彘是第二字。

<hr/>

[1]《五行大义·论三十六禽》引《式经》："亥为杂水，秽浊厕溷之象，猪之所居。"
[2]《尔雅·释兽》："豕子，猪。豯，豵。幺，幼。奏者豱。豕生三豵，二师，一特。所寝，橧。四豴皆白，豥，其迹刻。绝有力，豟。牝，豝。"《方言》卷八："猪，北燕、朝鲜之间谓之豭，关东西或谓之彘，或谓之豕，南楚谓之豨。其子或谓之豚，或谓之豯，吴、扬之间谓之猪子。其檻及蓐曰橧。"

彑，豕之头，象其锐而上见也。凡彑之属皆从彑，读若罽（音jì）。

豩，豕也。后蹏（蹄）发（废），谓之豩，从彑矢声，从二匕，豩足与鹿足同。

彑是猪头。豩，四足，字形只有前脚，作二匕，写法与鹿字同。豚部只有两个字，豚是小猪。

家猪与野猪

猪科动物有家猪（*Sus scrofa domesticus*）、野猪（*Sus scrofa*）之分，从形象上就能看出来。

野猪是猪的本来面目，头大身短，四肢发达，鼻嘴长，有獠牙。它在野外生活，能刨能拱，什么都吃，生存能力强，四肢发达跑得快，特别能战斗。

家猪是人类驯化的结果，吃住全包，能吃能睡，以退化为进化，武功全废。吻部越来越短，身子越来越长，肚子越来越大，獠牙逐渐退化，一身肥膘，胖嘟嘟，沉甸甸。

有人做过比较，猪的头身比例，以前肢划界，可以分为前后两段。亚洲野猪，前段占70%，后段占30%；原始家猪，前段占50%，后段占50%；现代家猪，前段占30%，后段占70%。大趋势是脑袋越来越小，身子越来越长。[1]

猪是以肥见杀。"肥"是人对猪的唯一赞美。现在有个词叫"生猪"，经济学家会说，"存栏生猪"有多少多少。"生猪"是活猪，养在圈里，没有送进屠宰场。过去，北大附中挨着屠宰场。我

---

[1] 郭郛等《中国古代动物学史》，北京：科学出版社，1999年，374页：图12–13。

在人大附中上学，离北大附中很近，每天都会路过黄庄。我记得，有人用板车拉着生猪往屠宰场送。猪很清楚自己上哪里，它是一路狂嚎。

猪和牛、羊不同。牛、羊任人宰割，不大反抗。牛挨宰，会下跪，会流泪。羊挨宰，旁边的羊居然无动于衷，埋头吃草，照吃不误。只有猪，死也得嚎几嗓子，绝不认命。

杀猪一般，是形容惨烈的叫声。

人道屠宰

如今有所谓"人道屠杀"，让猪死前一声不吭。

2007年12月16日，中国人道屠宰项目在商务部的支持下，由世界动物保护协会的培训合作伙伴北京朝阳安华动物产品安全研究所在河南正式启动。

2008年12月15日，国家标准委发布《生猪人道屠宰技术规范》，其中有"人道屠宰"的定义：减少或降低生猪压力、恐惧和痛苦的宰前处置和屠宰方式。

这是同国际接轨。

网上说，不正当的屠宰方式，不但会使动物受到惊吓，还会使肉品胴体瘀血、表皮出现斑点和骨折等现象，从而降低肉的品质……用人道的方法对待待宰的家畜，就能减少生前过猛的刺激和痛苦，可降低宰前应激，从而降低肌肉酸化的速度和程度，降低白肌肉、黑干肉的发生率，改善肉品品质。

据说，最爱吃猪肉的德国人，他们杀猪的办法最人道，即先把猪请进蒸汽房，安抚它们躺下，悠闲地桑拿一次。在桑拿期间，还会放一些轻音乐，并给猪服下一种类似安眠药的东西，让猪做个美

图1　汉代陶厕　榆林汉画像石博物馆藏

梦，零痛苦地再也不会醒来。

然而，关于羊，我却听到另一种理论。草原上不能没有狼，狼不但可以维护草原上的生态平衡，防止羊把草场啃坏，还有益羊的健康。如果没有狼在屁股后面撵羊，让它们心惊肉跳、精疲力竭，把老弱病残吃掉，只剩最健康的羊，羊肉就不好吃。

这我就纳闷儿了，到底哪种说法对？

养猪曰豢

野猪是欧亚大陆的典型动物。农业革命，欧洲野猪和亚洲野猪先后被驯化，据说中国领先。中国人从8000年前就开始养猪。

养猪，古人叫豢。最初是散养，如西汉丞相公孙弘就曾"牧豕海上"（《史记·平津侯主父列传》），后来改圈养。圈养才叫豢。

古人把猪养在家里。家字从宀从豕，象屋檐底下一口猪。猪是农户的标志。

养猪的地方，古人叫圂。圂是人厕、猪圈合一，人在上面屙，猪在下面吃。这种形制的陶厕多有出土 [图1]。当年，我在山西祁县见过这样的圂，不知现在还有没有。

猪对人有大贡献。过去有宣传画，叫"肥猪浑身都是宝"，画上有各种小箭头指向它身体的各个部位，比如肥皂，老人叫猪胰子，就是其中一宝。当然，猪的用途主要还是吃。猪身上，什么东西都可以吃，包括猪皮。猪皮做皮鞋，毛孔粗大，不如牛皮，却是"豕而三毛丛居者"的见证。

我养过猪。当年，我在内蒙古临河县（今巴彦淖尔市）插队，先抓的猪崽是个难养的克朗猪。克朗猪是劁过的小猪，即古人所谓的豮、豶。这家伙，光吃不长，越养越瘦，只好炖着吃了。后来那口大肥猪，主要是插友志敏的功劳。我们盖新房，请人把猪杀了，拿槽头肉请上梁人吃。猪肉冻在房顶上，天天猪肉贴饼子，那个冬天实在难忘。

为猪辩诬

猪，常被人称为蠢猪。人不但骂猪，还以猪骂人，常以猪形容人之懒惰和愚蠢。比如《西游记》中的猪八戒，就是个好吃懒做、贪财好色的角色。俗话说，猪八戒吃人参果，不知滋味；猪八戒娶媳妇，想得美。只要提到猪，没一句好词。

猪在西方也经常是反面角色。如奥威尔的《动物庄园》。

奥威尔说，他是左翼，他的立场是"动物立场"，他是站在"动物"一边，而不是"人"一边。但他笔下的动物，除了忠勇近愚的拳击手（公马）和苜蓿（母马），不是独裁者（猪）和独裁者的走狗（狗），就是随大流者、观望者和叛逆者（其他动物），简直是"洪洞县里无好人"，他的立场到底怎么摆？左翼变右翼，"人猪大团圆"，由此埋下伏笔。

猪被人养，不用耕田，不用拉车，只为催肥，只为下崽，只为满足人的口腹之欲，等着人宰。猪是人的作品。人骂猪，其实是骂自己。

猪既不懒，也不笨，很聪明，很厉害。

豕虎斗曰豦

猪有多厉害？要看野猪。野猪才是猪的本来面目。

俗话说，一猪、二熊、三老虎，猎人都知道。野猪，皮糙肉厚，简直刀枪不入，个头大者，体重可达四五百公斤，奔跑速度可达每小时四五十公里，好像一辆小坦克。它的铁头功十分了得，一头撞去，山摇地动，让人想起共工怒触不周山。

古人形容猪，有个词，叫"豕突"或"猪突"。野猪横冲直撞，代表勇敢。王莽曾"大募天下丁男及死罪囚、吏民奴，名曰'猪突豨勇'，以为锐卒"（《汉书·王莽传下》）。

老虎喜欢捕杀野猪，据说，伊犁虎的灭绝就跟野猪数量减少有关。当然，更主要的原因恐怕还在人。野猪碰到老虎，绝不会束手就擒、坐以待毙，它会跟老虎作拼死一搏。豕虎搏斗，不但见于北方草原青铜器，也见于滇国铜器。《说文解字·豕部》有个豦字（音jù），许慎的解释是"斗相丮（音jǐ）不解也。从豕虍，豕虍之斗不解也"。

野猪和老虎打斗见于两件艺术品（图像见前"虎年说虎"节），请欣赏：

1.1979年内蒙古准格尔旗布尔陶亥公社西沟畔2号墓出土金带扣，纹饰作老虎与野猪相互扭打，彼此啃对方的屁股，铭文作"故

寺豕虎。三十。一斤五两四朱（铢）少半"，字体为秦文字。[1]"故
寺"是某县旧衙署，"豕"是野猪，"虎"是老虎，"三十"是编号，
"一斤五两四朱（铢）少半"是重量。

2. 不列颠博物馆藏伊朗—阿富汗系砷铜斧，据说出土于阿富
汗，年代约在公元前2000年。斧柄、斧身、斧刃以浮雕的动物为
饰，作老虎扑食山羊，背后遭野猪偷袭，老虎正回头看。[2]

出土文物中的猪

1. 河姆渡陶猪[图2]，浙江余姚河姆渡遗址出土（T243④A：
235），中国国家博物馆藏。此猪形象有点像野猪。

2. 河姆渡陶盆上的猪纹[图3]，浙江余姚河姆渡遗址出土，浙
江省博物馆藏。此猪长喙。

3. 商代猪尊[图4]，湖南湘潭船形山出土，湖南省博物馆藏。
此猪有獠牙。

4. 西周猪尊[图5]，晋侯墓地113号墓出土（M113：38），山西
侯马晋国古都博物馆藏。此猪有獠牙。

5. 西周猪磬[图6]，湖南湘阴城关镇出土，上海博物馆藏。

6. 鄂尔多斯式猪形青铜饰件[图7]，征集品，鄂尔多斯青铜器
博物馆藏。此猪头大身小，类似野猪，但未表现獠牙。

7. 滇国青铜斧上的猪形装饰[图8]，云南昆明官渡区羊甫头村
出土（M113：38），云南省文物考古研究所藏。

〔1〕田广金、郭素新《鄂尔多斯青铜器》，北京：文物出版社，1986年，351—356页。
〔2〕John Curtis, *Ancient Persia*, Cambridge: Harvard University Press, 1990, p. 11, fig. 7.

图 2　河姆渡陶猪　中国国家博物馆藏

图 3　河姆渡陶盆上的猪纹　浙江省博物馆藏

图 4　商代猪尊　湖南省博物馆藏

图 5　西周猪尊　晋国古都博物馆藏

图 6 西周猪磬 上海博物馆藏

图 7 鄂尔多斯式猪形青铜饰件 鄂尔多斯青铜器博物馆藏 图 8 滇国青铜斧上的猪形装饰 云南省文物考古研究所藏